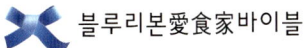 블루리본愛食家바이블

디저트 인 서울

지은이 **김은조**

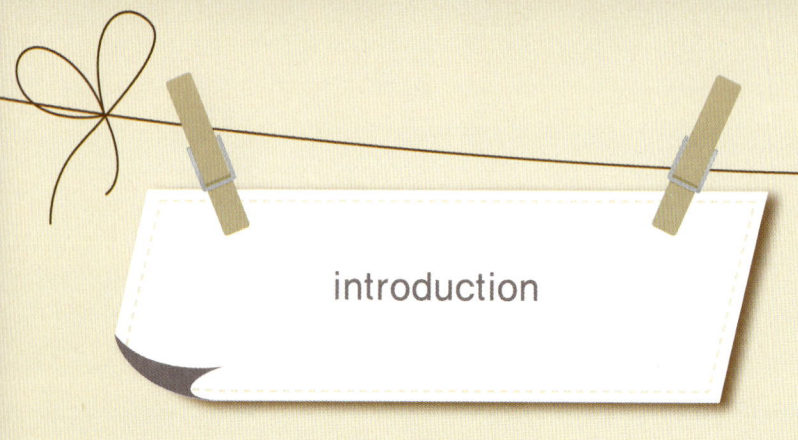

introduction

원래 우리나라 식문화에서는 디저트의 비중이 그렇게 크지 않다. 떡이라는 것이 있지만, 떡은 대부분 식사 대용이나 간식이고 서양과 같은 의미의 디저트로 먹지는 않는다. 그런 탓인지 세계 각국의 음식이 발달한 서울에서도 디저트 전문점의 확산은 아직 더딘 편이다.

처음 서울의 디저트 전문점을 모아서 책을 쓰려고 리스트를 만들 때는 머릿속에 떠오르는 곳이 너무 많아서 그들을 다 집어넣으면 책이 아주 두꺼워지겠다고 걱정할 정도였다. 하지만, 쓰다 보니 의외로 개수가 조금씩 적어지면서 페이지가 점점 줄어들었다.

독자들의 의견을 들으려고 블루리본 페이스북에서 디저트가 맛있는 집을 추천해 달라는 게시물도 올려보았다. 다행히 열화와 같은 성원에 힘입어 미처 발견하지 못했던 디저트 전문점을 추천받았고 큰 도움이 되었다. 그 성원에 보답하기 위해서라도 독자가 만족할 만한 좋은 콘텐츠를 이 책에서 보여주고 싶다.

서울의 파인 다이닝은 이탈리안을 거쳐 프렌치가 대세가 되는 분위기다. 거기에 맞춰 그동안 미국이나 일본을 통해서 접하던 서양식 디저트에서 직접 프랑스나 유럽에서 들여온 디저트로 미식가들이 눈을 돌리고 있다. 수준 높은 스타일의 디저트를 재능 있고 열성 있는 전문가의 손을 통해 맛볼 수 있게 된 것은 큰 행운이라 생각한다.

디저트 전문점도 이제 우리 미식 여정의 주요한 목적지가 될 날이 곧 올 것으로 생각한다. 남자들끼리 프렌치 레스토랑에서 식사하는 모습이 이제 낯설지 않듯이, 디저트 전문점에서 자신이 좋아하는 디저트를 주문하는 남자의 모습도 어색하지 않게 느껴질 날이 곧 올 것이다.

이 책이 완벽한 디저트를 찾는 여정에 작은 도움이 되기를 바란다.

그런 점에서 서울 디저트 문화의 발전을 위해 지금도 노력하는 수많은 파티시에와 셰프에게 감사드린다. 그리고 그런 분을 능력 부족으로 모두 소개하지 못한 것에 대해 죄송의 말씀도 전한다. 기회가 되면 여기에 빠진 훌륭한 디저트 전문점을 추가하여 새롭게 책을 낼 것을 약속드린다.

2014년 3월
지은이 김 은 조

목차

디저트코스

디저트리 · · · · · · · · 30
소나 · · · · · · · · · · 126

떡

합 · · · · · · · · · · · 228

케이크

글래머러스 펭귄 · · · · 16
레미니스 케이크 · · · · · · 50
마농 트로포 · · · · · · · 68

몹시 초콜릿 케이크 · · · · 92
몹시 치즈 케이크 · · · · · 96
미카야 · · · · · · · · · 100
밀갸또 · · · · · · · · · 106
스퀘어 이미 · · · · · · · 152
오뗄 두스 · · · · · · · · 158
올리버 스윗 · · · · · · · 164
카페 이미 · · · · · · · · 192
플랜트 · · · · · · · · · 204
피오니 · · · · · · · · · 210
피카 · · · · · · · · · · 216
하루노 유키 · · · · · · · 222

롤케이크

쉐즈 롤 · · · · · · · · · 132
스위츠 에삐 · · · · · · · 138
스위츠 플래닛 · · · · · · 146

초콜릿

고디바 · · · · · · · · · 8
드보브 에 갈레 · · · · · · 22
삐아프 · · · · · · · · · 118
카카오 봄 · · · · · · · · 186

아이스크림

젤라띠 젤라띠	170
펠 앤 콜	198

캐러멜

마망 갸또	74

마카롱

라뒤레	38
레 프레미스	58
마카롱	80
메종 드 조에	86
카롱카롱	182

부록: 디저트가 맛있는 레스토랑

TWG	236
뚜또 베네	242
라 셀틱	248
메종 드 라 카테고리	254
세레브 데 토마토	258
톡톡	264
피에르 가니에르 서울	268

타르트/패스트리

라 뽐므	44
르 쁘띠 푸	62
비 스위트 온	112
줄리에뜨	176

고디바
벨기에를 대표하는 초콜릿

〈고디바GODIVA〉가 우리나라에 진출한다는 소문이 처음 돌았을 때, 주변의 초콜릿 마니아들은 기대의 목소리를 높였다. 유럽이나 면세점에 가야 구경할 수 있던 〈고디바〉를 드디어 서울에서! 초콜릿 애호가라면 다 아는 〈고디바〉는 벨기에를 대표하는 초콜릿 브랜드로, 이제 서울에서도 전통적인 수작업 방식으로 만드는 정통 벨기에식 초콜릿을 맛볼 수 있게 된 것이다.

1926년 쇼콜라티에 조셉 드랍스가 브뤼셀의 그랑플라스 광장에 처음 문을 연 〈고디바〉는 현재는 프랑스, 영국, 독일 등 유럽은 물론 미국, 일본, 홍콩 등 전 세계 80개국에서 약 450개의 매장을 운영하고 있다. 우리나라에도 가로수길 매장을 포함하여 벌써 다섯 개의 매장이 들어섰다.

엄지손톱만 한 초콜릿이 비싸다고 느낄 수 있지만 〈고디바〉는 스몰 럭셔리를 대표하는 미식가의 위시 리스트다. 주로 한입 사이즈의 초콜릿을 전통적인 수작업 방식으로 생산하며, 초콜릿을 주 재료로 한 비스킷, 커피 외에도 다양한 초콜릿 음료 등을 제조, 판매하고 있다. 모든 초콜릿은 〈고디바〉 벨기에 본점에서 수입하고 있으며, 15도에서 18도라는 적정 온도에 맞춰 배편으로 들어온다.

가로수길 매장은 총 3층으로 되어 있으며 1층은 초콜릿 제품 및 테이크 아웃용 음료를 구매하는 공간, 2층은 카페, 3층은 루프 톱 라운지로 나뉘어 있다. 〈고디바〉 전 제품의 구매가 가능한 것은 물론, 초콜릿 음료와 샴페인

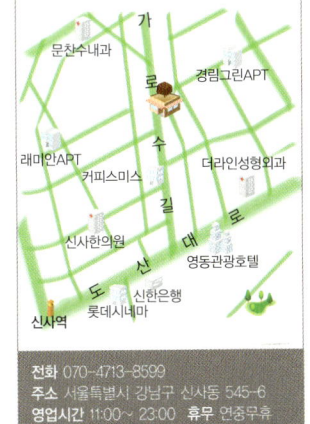

전화 070-4713-8599
주소 서울특별시 강남구 신사동 545-6
영업시간 11:00 ~ 23:00 **휴무** 연중무휴
홈페이지 http://www.godiva.kr
주차 불가 **오픈년도** 2012년
메뉴 낱개초콜릿(3천8백원~4천4백원), 초콜릿사(6천5백원), 고디바더블초콜릿소프트아이스크림(5천5백원)

까지 즐길 수 있다. 대리석으로 만들어진 계단을 통해 2층으로 올라가면 골드와 화이트, 블랙으로 이루어진 고급스러운 분위기로 꾸며져 있다. 투명 유리를 통해 들어오는 자연 채광은 실내를 편안하면서 따뜻한 분위기로 만들어 준다. 3층 루프 톱 라운지는 야외 테라스로 꾸며져 있으며, 날씨가 추운 겨울철에는 개방하지 않는다.

초콜릿

〈고디바〉의 모든 초콜릿은 벨기에산 초콜릿을 사용한다. 카카오 원두, 프로방스 지방과 그리스산 아몬드, 피에몬테 지방의 개암과 자연광에서 건조한 과일 등을 사용하여, 〈고디바〉 특유의 초콜릿 코팅법과 몰딩법을 통해 초콜릿을 선보인다. 카카오 원두는 초콜릿 종류마다 조금씩 다른 편이며, 일반적인 초콜릿과는 달리 카카오 함량이 100%에 달한다. 초콜릿 종류가 굉장히 다양한데, 크게 골드초콜릿과 트뤼프초콜릿으로 나뉜다. 골드초콜릿은 〈고디바〉의 브랜드 아이덴티티를 초콜릿에 그대로 살린 제품으로, 몰딩 기법으로 정교하게 만들어낸다.

트뤼프초콜릿

트뤼프초콜릿은 동그란 모양의 아몬드 조각, 브라운슈거, 라즈베리 파우더 등 다양한 재료가 덧발라져 있어, 다양한 식감과 풍부한 풍미를 느낄 수 있다. 몰드나 다른 기구의 도움 없이 손으로만 만들기 때문에, 모양도 각기 다른 편이다. 트뤼프트라디시오넬은 가장 기본적인 트뤼프초콜릿이며, 트뤼프까라멜쌀레, 트뤼프스큘로스 등의 신메뉴도 꾸준히 출시되고 있다.

초콜릿음료

음료 역시 〈고디바〉 초콜릿을 주재료로 하여, 진정한 초콜릿의 매력을 느낄 수 있다. 열광적인 인기를 얻은 초콜렉사(오른쪽 페이지)는 대표적인 아이스 초콜릿 음료로, 초콜릿 가나슈와 초코 파우더를 넣어 만들며, 레이어드된 생크림을 올린다. 다크 초콜릿과 밀크 초콜릿 중 선택할 수 있다. 라즈베리 시럽이 얹어져 나오는 다크 초콜릿 라즈베리도 인기가 많다. 핫 초콜렉사(왼쪽)는 초콜릿을 직접 녹여 만들었음에도 텁텁하지 않고 진한 초콜릿 맛을 낸다. 우유를 넣지 않고 약간의 물로 초콜릿을 녹이는 것이 특징이다.

특별한 날을 기념하여 출시되는 패키지도 고급스럽다. 크리스마스 시즌을 기념해 나오는 크리스마스 에디션과 홀리데이 에디션을 비롯해, 밸런타인데이를 전후로 나오는 에디션도 고급스러운 멋을 더한다.

글래머러스 펭귄
달지 않은 미국식 케이크를 찾는다면...

다양한 종류의 미국식 케이크를 즐길 수 있는 수제 케이크 전문점. 〈글래머러스 펭귄GLAMOROUS PENGUIN〉의 유민주 사장은 캐나다에서 유학하던 시절에 인상 깊었던 미국식 케이크를 잊지 못해 한국으로 돌아와 펭귄을 모티브로 한 수제 케이크 전문점을 열기에 이른다.

이곳은 당연하게도 미국식 홈메이드 케이크를 지향하는데, 미국식 케이크는 생크림보다는 버터크림이나 크림치즈를 많이 사용하고 스펀지 케이크의 밀도가 높고 무거운 것이 특징이다. 또 하나의 큰 특징은 우리나라 사람들은 입에 대기 어려울 정도로 모질게 달다는 점.

〈글래머러스 펭귄〉에서는 이러한 미국식 케이크의 단점을 극복하고자 설탕의 단맛을 최대한 배제하였기 때문에 단맛에 대한 부담없이 미국식 케이크를 즐길 수 있다.

건물은 총 2층으로 꾸며져 있으며, 가게 이름처럼 귀여운 펭귄 인형과 펭귄 소품 등이 곳곳에 진열되어 있다. 1층에는 주방이 모두 오픈되어 있어 파티시에가 직접 케이크를 만들고 굽는 모습도 확인할 수 있다.

대표 메뉴인 레드벨벳케이크, 당근케이크, 치즈케이크를 제외한 나머지 케이크는 계절 변화에 따라 새로 추가되기도 하고 사라지기도 한다. 또한, 사과를 재료로 한 케이크, 초콜릿을 재료로 한 케이크 등 매달 콘셉트를 정해 새로운 케이크를 선보인다.

전화 02-790-7178
주소 서울특별시 용산구 한남동 743-41
영업시간 10:00~22:00 주말11:00~22:00
휴무 연중무휴
주차 불가 **오픈연도** 2012년
메뉴 레드벨벳케이크, 레몬머랭케이크, 블루베리요거트케이크(각 7천원), 누텔라케이크 (6천5백원)

레드벨벳케이크

가장 인기가 많은 레드벨벳케이크는 특유의 버건디 컬러가 시선을 끈다. 벨기에산 코코아가 들어간 시트에 시럽이나 생크림이 아닌, 크림치즈가 샌드된다. 케이크 위에도 크림치즈로 아이싱 되어 있어, 부드러운 크림치즈의 식감을 느낄 수 있다. 시트는 미국식으로 묵직한 것이 특징이다.

레몬머랭케이크

레몬머랭케이크는 가벼운 제누아즈 시트에 레몬커드가 상당히 많이 들어가 있어 상큼한 맛을 느낄 수 있다. 맨 위에는 토치로 구운 머랭이 올라가는데, 계란 흰자로만 만드는 이탈리안 머랭이 아니라 버터가 들어가는 스위스 머랭을 올리는 것이 특징이다. 버터크림처럼 부드러운 식감을 즐길 수 있다.

블루베리요거트케이크

인기 메뉴 중의 하나인 블루베리요거트케이크는 파운드 반죽에 요거트가 함께 들어가며, 타르트 위에 국내산 블루베리가 가득 박혀 있다. 다른 곳보다 블루베리의 함량이 높은 것이 특징. 조각 케이크로 주문하면, 요거트가 뿌려져 서브된다.

드보브 에 갈레
프랑스 왕실 초콜릿의 기품

세계에서 가장 비싼 초콜릿이라고 하면 가장 먼저 손꼽히는 브랜드가 있다. 바로 프랑스의 〈드보브 에 갈레Debauve & Gallais〉. 프랑스 왕실 초콜릿 납품업체로 유명해진 〈드보브 에 갈레〉는 세계 3대 초콜릿으로 불리기도 한다. 루이 16세와 마리 앙투아네트의 약제사이자 샤를 10세의 초콜릿 공급업자였던 슐피드 드보브가 1757년에 문을 연 이후 지금까지 이어오고 있다. 베르사유 왕실의 공식 초콜릿 납품업체로 지명되어 루이 18세, 샤를 10세, 루이 필리프 시절에 초콜릿을 공급했으며, 1821년에는 왕실로부터 청색과 회색을 고유의 색으로 지정받았다.

명품의 거리 청담동을 10년 넘게 지킨 〈드보브 에 갈레〉 청담점은 작은 매장이지만 안에 들어서면 앤티크한 가구와 소품으로 꾸며져 있어 프랑스 왕실의 기품이 그대로 느껴진다.

진하고 풍부한 맛의 초콜릿으로 유명하며 마리 앙투아네트가 즐겼다고 하는 초콜릿 피스톨이 대표 상품. 카카오 함유 99%의 다크 초콜릿도 맛볼 수 있다. 초콜릿 케이크나 핫초코도 인기 있다.

전통적인 제조법을 기반으로 장인들에 의해 소량으로 생산되는 〈드보브 에 갈레〉의 초콜릿은 전반적으로 세련된 인공적인 맛이라기보다는 다소 투박하고 달지 않은 맛이다. 최상의 카카오를 기본으로 설탕 함유량을 최소화하고 타 첨가물을 배제한다. 카카오 원두는 중앙 아메

전화 02-3446-3726
주소 서울특별시 강남구 청담동 96-3
영업시간 10:00~22:00 **휴무** 00
홈페이지
http://www.debauve-et-gallais.co.kr
주차 가능 **오픈년도** 2003년
메뉴 초콜릿 피스톨(2천5백원), 봉봉초콜릿(7천원), 초콜릿아이스크림(2만원), 초콜릿음료(1만5천원~1만8천원), 봉봉초콜릿세트(6만원~36만원)

리카산 원두를 80%, 가나산 원두 20%를 섞어서 만든다. 좋은 재료를 사용한 만큼 가격대가 매우 높지만, 소수의 미식가를 위한 제품을 만드는 데 중점을 두고 있다. 초콜릿은 보관하기에 최상 온도인 18도의 와인 냉장고에서 보관한다.

모든 제품은 프랑스 현지에서 수제로 만든 초콜릿을 직수입한 것이며, 차 또한 프랑스 본사에서 직접 선정한 차를 수입해 판매한다. 초콜릿 외에도 오렌지, 레몬, 베리 등으로 만든 젤리 역시 훌륭한데 65%의 펄프 함유량을 자랑한다. 달지 않으면서도 과일 향이 풍부하고 고급스러운 맛이다.

역사가 깊은 곳인 만큼 초콜릿 하나하나마다 탄생 비화와 오래된 역사를 가지고 있기 때문에 신 메뉴 개발이나 메뉴 변동은 거의 없는 편.

〈드보브 에 갈레〉는 패키지 제품도 많이 판매하는 편인데 특히 북케이스 패키지는 〈드보브 에 갈레〉 200주년 기념으로 만든 2천 개 한정판이다. 책자에 들어가는 가죽부터 나무까지 모두 수제로 만들어졌으며, 최고급 한정판이므로 소장 가치가 있다.

이 외에도 패키지상품이 다양해 선택의 폭이 넓고 선물용으로 사기 좋다. 현재는 영국 두바이 모스크바 일본 뉴욕 등 다양한 매장이 있는데 유럽 이외의 해외 매장 중에서는 10년 전에 오픈한 청담점이 최초의 지점이라고 한다.

Leather's book case

〈드보브 에 갈레〉 200주년을 기념해서 나온 2천 개 한정판 북케이스 패키지 Leather's book case(오른쪽 페이지)는 금박 장식이 되어 있는 파란색 가죽 케이스에 12개의 봉봉이 담겨 있다.

봉봉

봉봉은 벌꿀, 너트, 카라멜, 커피, 블랙커런트 등 다양한 맛의 초콜릿 센터 위에 다시 한 겹 초콜릿 커버처를 입혀 만든 것이다. 다양한 맛과 모양의 봉봉 중에서도, 한국에서는 쿠에르카시스와 뤼셰르가 인기가 많다. 쿠에르카시스는 속에 블랙커런트 과즙으로 만든 가나슈가 들어가 상큼한 맛을 좋아하는 사람이 많이 찾는다. 뤼셰르는 60% 다크 초콜릿 셸 안에 오렌지꽃 벌꿀 가나슈가 들어 있는데, 강한 오렌지 향이 벌꿀의 달콤함, 다크 초콜릿의 씁쓸함과 함께 잘 어우러진다.

버섯 모양의 샹피뇽은 재미있는 모양으로 유명한 봉봉인데, 버섯 머리와 뿌리에 해당하는 위아래 부분은 60%의 다크 초콜릿으로, 가운데 기둥 부분은 볶은 아몬드와 캐러멜이 채워진 화이트 초콜릿으로 이루어져 있다.

봉봉은 낱개로도 구매할 수 있지만, 포장 상자 자체도 상당히 멋스러워서 상자 세트로 구매하는 것도 좋다. 앵크루아야블이 40개 들어가 있는 레쟁크루아야블과 각기 다른 봉봉 24개가 들어가 있는 아소르 티멍누아르 세트(오른쪽)가 특히 인기가 있다. 아소르 티멍누아르는 취향껏 봉봉을 골라 담을 수 있다는 것이 장점이다.

앵크루아야블

앵크루아야블(오른쪽 페이지)은 스페인산 아몬드 그레인에 캐러멜을 섞어 만든 속을 다크 초콜릿으로 코팅한 봉봉인데, 누가 과자의 바삭바삭한 식감을 느낄 수 있다.

피스톨

마리 앙투아네트가 즐겨 먹던 피스톨은 스페인의 금화를 닮았다 하여 붙여진 이름으로, 본래 초콜릿 속에 약을 넣어 약을 쓰지 않게 먹으려고 고안되었다. 왕실의 약사였던 드보브는 마리 앙투아네트가 약을 먹기 어려워하자 카카오와 사탕수수를 섞어 피스톨 모양의 약제 초콜릿을 만들어주었는데 마리 앙투아네트가 이것을 아주 좋아했다고 한다. 카카오의 함량에 따라 초콜릿 위에 카카오 함량이 쓰여 있으며 숫자가 새겨지지 않은 초콜릿은 그 안에 향을 집어넣었다. 향은 오렌지꽃향, 얼그레이, 시나몬, 바닐라, 아몬드 향 등이 있으며 오렌지꽃향은 스트레스에 좋고 바닐라향은 위에 좋다고 한다.

핫초코

핫초코는 초콜릿 칩스를 직접 녹여 만들며 녹이는 과정에서 초콜릿 칩스에 들어 있던 카카오버터가 녹아 기름이 올라온다. 이 기름은 인체에 유해하거나 살이 찌게 하는 기름이 아니라 지방을 분해하는 기능이 있다고 한다. 핫초코는 카카오가 20% 정도 들어가는 다른 매장과는 다르게 카카오 70%를 이용해 만들어 걸쭉하고 진한 맛이 난다. 서양에서는 이 핫초코에 우유를 많이 넣어 식사 대용으로 자주 먹었다고 한다.

디저트리

정통 프렌치 디저트 코스의 진수

〈디저트리DESSERTREE〉는 파인 다이닝에서나 만날 수 있는 디저트 코스를 따로 떼어 즐길 수 있는 곳이다. 아뮈즈, 메인 디저트, 프티 푸르 순서대로 나오는 디저트 코스는 우리나라에서는 〈디저트리〉에서 처음으로 시도한 것으로, 디저트 마니아들에게 상당한 반향을 불러 일으켰다.

원래 컴퓨터 공학도였던 이현희 파티시에는 프랑스 요리와 디저트에 빠져 파리로 유학을 떠났고, 르 꼬르동 블루 제과 디플롬 과정과 프랑스 요리 기초 과정을 수석으로 졸업하게 된다. 이후 르 뫼리스 호텔 등에서 화려한 경력을 쌓고 돌아와 서울에 〈디저트리〉를 오픈한다. 파티시에의 경력을 반영해주듯, 〈디저트리〉에서는 세련된 비주얼의 정통 프렌치 디저트 코스를 즐길 수 있다.

오픈 키친 형태의 매장이라 디저트 만들어지는 모습을 바에 앉아 구경할 수 있는데, 열린 공간에서 정직한 마음으로 새로운 스타일의 디저트를 제시하겠다는 것이 이현희 파티시에의 모토이기도 하다. 발로나 초콜릿, 이즈니 버터, 동물성 생크림, 무항생제 계란, 친환경 과일 등 좋은 재료만을 골라 사용하고 있다.

〈디저트리〉의 디저트는 여느 메인 요리 못지않은 완성도를 자랑한다. 한 메뉴에서도 첫 맛과 끝 맛이 다르고, 여러 가지의 식감을 동시에 느낄 수 있다. 상큼한 아뮈즈에서 제대로 달콤한 메인, 그리고 가벼운 프티 푸르까지

전화 02-518-3852
주소 서울특별시 강남구 신사동 653-7
영업시간 12:30~23:00
휴무 매주 일요일 휴무
주차 발레 파킹 **오픈년도** 2012년
메뉴 디저트리코스(2만4천원, 2만9천원), 퐁당오쇼콜라와바닐라아이스크림(1만4천원), 두가지아이스크림이든오믈렛노르베지엔느(1만4천원), 소금캬라멜아이스크림과구운바나나(1만3천원), 세가지아이스크림의프로피테롤(1만5천원), 베리소르베와패션프룻바나나크렘브륄레(1만3천원), 사과케이크와유자레온소르베(1만4천원), 쑥수플레와국화차소르베(1만5천원)

한 코스를 마치고 나면 웬만한 성찬이 아쉽지 않다. 〈디저트리〉의 디저트는 화려하고 예쁜 플레이팅으로도 유명한데, 손님들은 '눈이 참 즐거운 곳'이라고 입을 모은다.

끊임없는 열정으로 새로운 메뉴를 선보이는 이현희 파티시에는, 최근 들어 한국적인 디저트에 대해 고민을 하고 있다. 한국적 재료를 사용해 프렌치 제과 기법으로 만들어낸 단호박수플레와밤아이스크림, 쑥수플레와국화차소르베는 그의 고민이 엿보이는 메뉴다.

오믈렛노르베지엔느

〈디저트리〉메뉴 중 처음 먹어 보았던 것으로, 처음 입에 넣자마자 너무 맛있어서 정신이 아득해졌던 기억이 난다.

오믈렛노르베지엔느는, 바닐라아이스크림 위에 제누아즈를 한 층 올리고, 다시 산딸기 소르베를 올리고 나서 머랭으로 감싼 디저트다. 250도 정도의 고온으로 3분간 오븐에서 구워내기 때문에, 머랭의 겉이 갈색으로 그을려져 먹음직스럽다. 구워낸 오믈렛노르베지엔느 위에는 오렌지 향이 가미된 코냑 그랑마니에르와 토스트된 아몬드 슬라이스가 올라간다. 마지막으로 뿌려내는 슈가파우더는 이글루 모양의 오믈렛노르베지엔느와 어우러지며 눈꽃을 연상시킨다. 머랭 자체에도 오렌지 제스트가 들어가기 때문에, 오믈렛노르베지엔느를 처음 떠먹을 때에는 강한 오렌지 향을 느낄 수 있다. 구워진 머랭의 쫀득하면서도 눈처럼 녹아내리는 식감과 차가운 산딸기 소르베, 바닐라 아이스크림의 조화가 훌륭하다.

사과케이크와유자레몬소르베

사과케이크와유자레몬소르베는 미니사과가 나오는 가을, 겨울철에만 맛볼 수 있는 계절 메뉴다. 사과 콩포트와 제누아즈 가루를 버무려 만든 케이크 위에 사과 크럼블을 올리고 미니사과와 유자레몬 소르베를 얹었는데, 케이크의 포슬포슬한 식감과 크럼블의 바삭함, 사과 콩포트에서 씹히는 조린 사과의 식감이 함께 어우러진다. 미니사과는 흑초 소스로 만든 캐러멜로 코팅하였는데, 반짝이는 외관이 입맛을 돋운다. 사과 안에 넣은 솔티드캐러멜은 먹는 이를 놀라게 하는 깜짝 선물. 미니사과의 받침으로 사용한 화이트 초콜릿과 나뭇가지 모양으로 만든 다크 초콜릿은 디저트의 완성도를 한층 높여준다.

단호박수플레와 밤아이스크림

프렌치 디저트에서 빠질 수 없는 것이 바로 수플레다. 고급 프렌치 레스토랑에서 거창한 식사를 하고 나서야 주문할 수 있던 수플레를 이렇게 단품으로 먹을 수 있게 된 것은 수플레 마니아에게는 큰 축복이다.

〈디저트리〉의 수플레는 계절마다 맛이 바뀌는 것이 특징으로, 지난겨울에는 단호박수플레가, 이번 봄에는 쑥수플레를 맛볼 수 있었다. 단호박수플레에는 다크 럼이 들어간 밤 아이스크림이 함께 나오며 쑥수플레에는 국화차 소르베가 나온다. 쑥가루를 이용해 만든 쑥 수플레 속에는 인절미가 들어가 있는데, 동양의 맛과 서양의 맛을 동시에 느낄 수 있다. 한국적인 재료를 가지고 프랑스의 제과 기법으로 만들어낸, 한국적인 디저트에 대한 파티시에의 고민이 엿보인다.

수플레의 레시피는 크게 두 가지 종류가 있어 단단한 느낌이 드는 수플레와 부드러운 수플레로 크게 나눠볼 수 있는데, 〈디저트리〉의 수플레는 후자의 경우로, 계란 반숙같이 촉촉하고 부들부들한 식감이 특징이다.

무엇보다 수플레의 묘미는 부풀어오른 뜨거운 머랭이 꺼지기 전에 함께 나온 아이스크림을 넣어 재빨리 떠먹는 데 있을 것이다.

라뒤레

마카롱의 효시, 파리에서 오다

몇 년 사이에 갑자기 흔한 디저트가 된 프랑스 과자 마카롱은 〈라뒤레LADUREE〉에서 처음 만든 것으로 공식 인정되고 있다. 사실 마카롱이 우리나라에 소개된 것은 십 년도 채 안 된 일이다. 인터넷의 보급으로 정보의 대량 공유가 가능해지면서 몇몇 트렌드세터들이 마카롱 노래를 불렀다. 그리고는 우리나라에서 생산되지도 않는 마카롱을 향한 팬들이 생겨나기 시작했다. 그 후 우리나라에서 마카롱을 생산하기 시작한 것은 얼추 5~6년 정도 되었을까? 그 짧은 기간에 마카롱에 대한 우리의 사랑은 폭발적인 상승 곡선을 그리고 있다.

마카롱이라는 것을 우리나라에서 구경도 할 수 없었던 시절, 파리에 다녀오는 지인을 졸라 공항에서 서울까지 〈라뒤레〉 마카롱을 공수시켰던 것이 바로 몇 년 전의 일 아니었던가! 그 〈라뒤레〉 마카롱을 이제는 서울에서 언제라도 만날 수 있다.

〈라뒤레〉 마카롱은 루이 에르네스트 라뒤레의 둘째 사촌 피에르 데퐁텐이 20세기 초 마카롱 두 개의 껍질 사이에 가나슈를 바른 디저트를 만들면서부터 시작된다. 영화 〈마리 앙투아네트〉에 나와서 세계적으로 더욱 유명해진 〈라뒤레〉는 1862년에 생긴 150년 전통의 프랑스 대표 제과 브랜드로, 파리에서는 매우 유명하다. 현재는 밀라노, 런던, 뉴욕 등 세계 주요 도시뿐만 아니라 일본, 홍콩 등에도 매장이 입점해 있다.

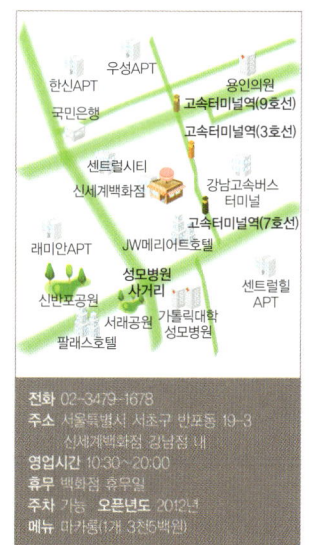

전화 02-3479-1678
주소 서울특별시 서초구 반포동 19-3
신세계백화점 강남점 내
영업시간 10:30~20:00
휴무 백화점 휴무일
주차 가능 오픈년도 2012년
메뉴 마카롱(1개 3천5백원)

우리나라 〈라뒤레〉는 프랑스 〈라뒤레〉에서 만든 마카롱을 냉동 보관해 공수해오고 있다. 마카롱 수요가 많은 일본에서는 프랑스에서 재료를 공수해 매장에서 직접 만든다고도 한다. 프랑스의 〈라뒤레〉에서는 20여 종이 넘는 다양한 종류의 마카롱을 판매하고 있지만, 국내에서는 통관 문제 때문에 수입할 수 있는 제품만 즐길 수 있다.

로즈 마카롱(오른쪽 페이지)은 프랑스와 국내에서 모두 인기 있는 제품으로, 입 안에 로즈 향이 은은하게 퍼진다. 프랑스에서는 캐러멜 마카롱이 특히 인기가 많은데, 한국에서는 캐러멜 마카롱보다는 피스타치오, 바닐라 등 클래식한 메뉴가 사랑받고 있다.

마카롱 여섯 개를 구입하면 민트색의 고급스러운 종이 박스에 담아 포장해준다. 마카롱은 구입 후 오랜 시간이 지나면 식감이 지나치게 드라이해지기 때문에, 될 수 있으면 바로 먹는 것이 좋다. 구매 후 3일 이내에 먹는 것을 권장하며, 냉장 보관해야 한다.

신세계백화점 강남점 내에 있는 〈라뒤레〉는 우리나라에서는 첫 번째 매장으로, 프랑스 〈라뒤레〉 본점과 같은 콘셉트로 꾸며져 있다. 에메랄드색은 〈라뒤레〉의 메인 컬러며, 〈라뒤레〉의 상징인 천장 그림은 유명한 화가이자 포스터 화공인 쥘 쉐렛의 작품이다. 파리의 매장을 그대로 옮겨 놓은 듯한 이곳은 모든 소품과 장식들이 파스텔 톤으로 꾸며져 우아하면서도 아기자기한 느낌까지 든다.

마카롱 전문점이지만, 마카롱 외에도 초콜릿, 잼, 차 등 다양한 제품을 만나볼 수 있다. 초콜릿은 다크 초콜릿, 밀크 초콜릿 등을 적절히 배합해 선보인다. 잼은 유럽에서 재배한 과일에 어떠한 첨가물도 가미하지 않고, 설탕, 레몬주스, 사과 펙틴만을 첨가하여 만든다.

마카롱

매장에서 항상 즐길 수 있는 클래식 마카롱과 한정된 계절에만 즐길 수 있는 시즈널 메뉴로 나뉜다. 레몬, 바닐라, 로즈, 피스타치오 등의 마카롱은 클래식, 블랙커런트, 헤이즐넛마시멜로, 세인트도밍고초콜릿, 마리앙투아넷 등은 주로 봄이나 여름에만 만나볼 수 있다. 시즈널 메뉴를 포함해 총 10여 가지의 마카롱을 선보인다. 가장 인기가 많은 제품은 고정적이지만, 그 외의 제품은 약간 변동이 있다.

입에 넣는 순간, 가볍고 부드럽게 녹아내리는 머랭의 감촉과 쫀득한 필링의 조화는 타의 추종을 불허한다.

라쁨므

사과처럼 상큼한 디저트

〈라 뽐무 La Pomme〉는 프랑스 어로 사과라는 뜻의 디저트 & 퍼니처 카페로, 홍대 앞에 있는 〈비 스위트 온〉의 2호점이다. 건물 외관은 화이트와 레드 톤의 색상으로 이루어져 있고, 카페 곳곳에 놓인 아기자기한 소품과 가구가 감각적이다. 테이블과 의자의 색상이 다채로운 것이 특징. 인테리어에 사용된 모든 가구는 직수입한 가구, 혹은 디자이너 제품이거나 맞춤 제작한 것이다.

〈비 스위트 온〉이나 〈라 뽐므〉의 디저트는 프렌치 디저트에 일본풍이 가미된 것으로, 일종의 퓨전식이라 할 수 있다. 정헌도 파티시에는 동경제과학교 출신으로, 일본의 한 디저트 전문점에서 2년 정도 일한 경험이 있는데, 일본에서의 경험을 살려 디저트 전문점을 오픈하게 된다. 일본의 경우, 오사카, 고베 지역은 주로 일본풍 디저트를 선보이는 반면, 정헌도 파티시에가 제과를 배운 도쿄 지역은 일본풍이 가미된 프렌치 디저트가 발달해 있다.

정헌도 파티시에는 1호점인 〈비 스위트 온〉과 〈라 뽐므〉를 번갈아 가며 디저트를 만들고, 자리를 비울 때는 전문 파티시에가 그의 자리를 대신한다. 현재는 오픈한 지 얼마 되지 않은 〈라 뽐므〉에 집중하는 편이다.

이 둘은 같은 파티시에가 운영하다 보니, 메뉴 대부분

전화 02-545-4508
주소 서울특별시 강남구 신사동 534-8
영업시간 14:00~23:00 / 주말 13:30~22:30 **휴무** 연중무휴
주차 발레 파킹 **오픈년도** 2013년
메뉴 타르트타탕, 생토노레쇼콜라키라 1만1천원), 쇼콜라몽블랑(8천5백원), 크레프수제트(8천5백원)

이 같다. 다만, 매장마다 고유의 메뉴가 하나씩 있다. 〈비 스위트 온〉에서는 밀피유쇼콜라오레와 파리브레스트를, 〈라 뽐므〉에서는 생토노레쇼콜라를 즐길 수 있다.

앞으로 타르트타탕, 쇼콜라몽블랑 등 기존의 대표 메뉴를 기반으로, 제철 과일을 사용한 계절 메뉴를 새로 개발할 예정이다. 하지만, 우리나라 과일의 제철 기간이 워낙 짧고, 제과 레시피 작업이 오래 걸리다 보니 쉽지만은 않은 일이라고. 〈라 뽐므〉에는 일본풍 디저트를 선보일 수 있는 오븐도 따로 마련되어 있어 추후에는 일본풍 디저트도 선보일 계획이라 한다.

〈라 뽐므〉에서 선보이는 디저트 대부분은 높게 탑처럼 쌓아 올려진 것이 특징으로, 먹기에도 아까울 정도의 비주얼을 자랑한다. 하지만, 각각의 디저트를 맛있게 즐기려면 처참히 부숴서 먹는 것이 최고의 방법이라고. 각 재료를 가니시 소스까지 한 포크에 먹는 것이 디저트의 맛을 제대로 느끼는 방법이다.

〈라 뽐므〉에서 사용되는 버터는 프랑스 최고급 버터라고 알려진 이즈니 버터이다. 하지만 국내 버터 수입의 구조적 한계 때문에, 겨울 1~2달은 이즈니 버터가 아닌 프랑스산 엘르앤비르 버터를 사용한다. 생크림은 울진의 신우목장에서 생산되는 우유를 사용하는데, 신우목장은 국내에서 몇 안 되는, 목장에서 직접 우유를 가공할 수 있는 곳이다. 계란은 초록마을의 유정란을 사용한다. 디저트에 사용되는 아이스크림과 크림 등은 모두 매장에서 직접 만들어 사용한다.

타르트타탕

대표 메뉴인 타르트타탕(오른쪽 페이지)은 정통 프랑스식 타르트타탕을 퓨전 스타일로 재해석한 디저트다. 원래는 커스터드 크림이 들어가지 않는 정통 레세피를 우리 입맛에 맞게 재조정했다. 특히 반죽을 좋아하는 한국 사람들의 특성에 맞게 패스트리 반죽의 양을 많이 한 것이 특징이며, 홍옥 사과가 아닌 부사가 사용된다. 부사는 홍옥보다 신맛이 적고, 당도, 수분이 높은 편이다. 프랑스 AOP 승인 등급의 이즈니 버터를 사용한 두 장의 퍼프 패스트리와 최고급 영양란을 사용한 커스터드 크림, 오븐에 조린 사과, 그리고 마다가스카르산 바닐라 빈을 사용한 수제 바닐라 아이스크림이 어우러진다. 디저트 맨 위에 올라가는 사과는 시럽에 졸여 말린 것이다.

생토노레쇼콜라

생토노레쇼콜라는 〈라 뽐므〉에서만 맛볼 수 있는 메뉴다. 슈 반죽을 사용하는 디저트 중 대표적인 생토노레를 재구성한 것. 바삭한 패스트리에 슈를 넣고 캐러멜과 생크림을 얹는 정통 생토노레와는 달리, 우리 입맛에 맞게 초콜릿을 가미해 레시피를 구성한 것이 특징이다. 프랑스산 발로나 초콜릿과 프랑스산 엘르앤비르 발효 버터가 사용된다.

쇼콜라몽블랑

쇼콜라몽블랑(오른쪽 페이지)은 정통 프렌치 디저트인 몽블랑을 〈라 뽐므〉 스타일로 변형한 것이다. 고소한 밤과 초콜릿을 함께 즐길 수 있는 디저트로, 프랑스산 페이스트와 발로나 밀크 초콜릿, 다크 초콜릿을 사용한다. 위에는 프랑스산 발로나, 네델란드산 코코아 파우더를 섞어 만든 수제 초콜릿 아이스크림이 올라가며, 고소한 견과류를 곁들여 그 맛을 더한다.

레미니스 케이크

정성이 담긴 수제 케이크

〈레미니스 케이크REMINIS CAKE〉는 고즈넉한 북촌 한옥마을 입구에 자리한 수제 케이크 전문점으로, 르 꼬르동 블루 출신 파티시에 구윤선 씨와 친동생 구도회 파티시에가 운영하는 곳이다. 상호인 레미니스는 추억하다라는 뜻의 단어 reminisce에서 따온 말로, 소중한 추억이 담긴 단 하나뿐인 특별한 케이크를 만들고자 하는 의미를 담고 있다. 2009년 작은 공방으로 시작하여 2010년에는 케이크와 음료를 즐길 수 있는 카페 공간으로 변신하였다. 아담한 규모이지만, 천장이 높고 볕이 잘 드는 곳에 있어 포근하고 아늑한 느낌이다.

수제 케이크 전문점답게, 대표 메뉴인 감자케이크와 홍차치즈케이크를 비롯해 다양한 종류의 케이크를 맛볼 수 있다.

뉴질랜드산 앵커 버터, 호주산 유기농 밀가루, 발로나 초콜릿, 깔리바우트 초콜릿 등 고급 재료를 사용하는 것이 맛의 비결. 유화제, 안정제 등의 인공 재료는 일절 사용되지 않는다.

아기자기한 모양의 슈가 케이크도 전문으로 하는데, 홈페이지나 전화로 예약 주문을 해야 한다. 또한, 배송 중에 케이크가 망가질 위험이 있어서, 주문을 한 후 매장에서 직접 찾아가야 한다.

매장 내 베이킹 스튜디오가 따로 마련되어 있으며, 그곳에서 베이킹 클래스가 운영된다. 클래스는 케이크 데코레이션 클래스와 홈베이킹 클래스로 운영되며, 프랑스

전화 02-3675-0406
주소 서울특별시 종로구 계동 120-1
영업시간 11:00~22:00 | 주말 12:00~20:00
휴무 명절 당일 휴무
홈페이지 http://www.reminiscake.com
주차 불가 오픈년도 2009년
메뉴 감자케이크, 딸기쇼트케이크(각 5천원), 홍치볼, 홍차치즈케이크, 블루베리치즈케이크, 호박치즈케이크, 초콜릿케이크(각 4천5백원), 슈(2천원)

전통 제과 기법을 바탕으로 진행된다. 최대 인원 4명 정도의 소수 정예 인원만을 모집하기 때문에, 세세하게 수업을 받을 수 있다는 것이 장점이다. 자세한 내용은 홈페이지를 통해 확인할 수 있다.

감자케이크

대표 메뉴인 감자케이크는 맨 밑에 잘게 부순 아몬드 다쿠아즈가 깔렸으며, 감자 무스, 생크림이 층층이 올라가 있다. 감자 무스는 삶은 감자와 사워 크림을 섞어 만든 것으로, 감자의 촉촉한 전분기와 담백함이 그대로 살아 있다. 아몬드 다쿠아즈와 맨 위에 장식된 화이트 초콜릿이 오묘한 감자케이크의 맛을 더한다. 기존의 묵직한 고구마무스케이크와는 달리, 감자케이크는 산뜻하고 가벼운 느낌의 식감이다.

홍차롤케이크

홍차롤케이크는 영국 아마드 홍차의 얼그레이 티를 넣어 구운 홍차 스펀지 시트로 롤을 만들고 화이트 초콜릿과 생크림을 섞어 만든 독특한 맛의 크림을 롤 가운데에 넣은 것이다. 화이트 초콜릿의 달달한 맛이 홍차 향이 짙게 풍기는 시트와 잘 조화를 이룬다.

딸기쇼트케이크

딸기쇼트케이크(오른쪽 페이지)에는 부드러운 스펀지 시트 사이에 마스카르포네 치즈 크림과 생크림을 섞어 만든 크림이 샌드되며, 그 위에 딸기가 올라간다. 설탕 대신 슈가파우더가 들어가는 것이 특징. 딸기가 나오는 겨울에만 한정판매된다.

슈

슈는 매일 오전에 갓 구워져 나오는데, 하루 20개 정도로 한정하여 판매된다. 시간을 잘 맞추어 가면 갓 나온 신선한 슈를 맛볼 수 있다. 주문하면 그 자리에서 크림을 넣어주기 때문에 슈의 바삭한 맛이 그대로 살아 있다. 커스터드 크림과 생크림을 섞어 만든 크림이 부드럽게 흘러내리며, 크림에 바닐라 빈이 많이 들어가는 것이 특징이다.

슈가케이크

먹기에도 아까운 비주얼을 자랑하는 슈가케이크는 예약 주문을 통해 만나볼 수 있다. 설탕 반죽에 식용색소를 첨가해 정교한 모양의 케이크를 만들어낸다. 주로 웨딩케이크에 많이 이용되며, 생일이나 기념일 등 원하는 주제에 맞는 케이크를 주문할 수 있다.

레 프레미스

다양한 시도의 화려한 마카롱

〈레 프레미스 Les premices〉는 '신에게 바치는 선물'이라는 뜻으로, 최근 유행하는 마카롱을 전문으로 한다. 마카롱을 전문으로 하게 된 것은 밀가루를 적게 사용하는 레시피를 선호하는 파티시에의 영향 때문이다.

총 28가지나 되는 종류의 마카롱에 시즌마다 두세 가지의 한정 메뉴가 추가된다. 긴 쇼케이스 안에 담긴 30여 가지의 마카롱들이 눈을 즐겁게 한다. 모히토, 홍시, 블루치즈, 고구마, 카시스 등 특이한 맛의 마카롱도 다양하게 판매하고 있으며 코냑, 와인 등 술 맛을 내는 마카롱도 있는 것이 특징. 시즌 한정 마카롱의 경우 머랭에 도트 무늬 장식이나 금가루 등으로 장식하여 차별화를 꾀하기도 한다.

입에 넣으면 가볍게 부서지는 머랭과 다양한 맛의 필링의 조화가 좋다. 필링은 단맛이 그다지 도드라지지 않아 달지 않은 마카롱을 선호하는 사람에게는 입맛에 맞을 듯하다. 마카롱 컬러는 강렬하기보다는 부드러운 파스텔 톤이다.

매장은 블랙과 골드의 조합을 바탕으로 천연원목, 대리석 테이블을 사용하여 심플하지만 고급스러운 느낌이 든다. 한쪽 벽면을 장식하는 마카롱 모형들은 모두 파티시에가 실물 마카롱을 이어 붙여 만든 것으로, 〈레 프레미스〉 패키지 케이스와 함께 전시되어 있다. 마카롱 외에 쿠키와 파운드케이크도 판매하고 있다.

전화 02-571-3127
주소 서울특별시 강남구 도곡동 424
영업시간 12:00~22:00
휴무 매주 월요일 휴무
홈페이지 http://blog.naver.com/lespremices
주차 불가 **오픈년도** 2012년
메뉴 마카롱(1개 2천원)

마카롱

〈레 프레미스〉의 마카롱은 입에 넣으면 부드럽게 부서지는 셸과 풍부한 필링의 조화가 잘 이루어졌다. 블루치즈, 크렘브륄레, 모히토, 바질, 포도, 홍시, 파르메산, 카시스 등이 들어간 독특한 메뉴들이 있다. 인공 향을 사용하지 않고, 직접 가게에서 잼과 밑재료를 만들어 사용한다. 인기 메뉴인 블루치즈마카롱은 위와 아래의 셸의 칼라가 다른 독특한 모습이며 진한 블루치즈의 풍미에 촉촉함까지 느낄 수 있다. 벚꽃은 실제 꽃잎을 갈아 넣었고, 고구마 마카롱도 직접 고구마를 삶아 체에 내리기 때문에, 일부 메뉴는 계절이 아니면 맛보지 못하는 경우도 있다. 다른 곳에서는 찾아볼 수 없는 바질마카롱은 바질을 특히 좋아하는 파티시에의 취향을 반영했다.

르 쁘띠 푸

정통 프랑스 풍의 디저트

〈르 쁘띠 푸LE PETIT FOUR〉는 서울에서 정통 프렌치 디저트를 즐길 수 있는 몇 안 되는 곳 중의 하나다. 프랑스 리옹의 폴 보퀴즈 요리학교에서 공부한 김대현 파티시에가 프렌치 레시피에 바탕을 둔 다양한 디저트를 선보이고 있다.

처음 홍대 앞에 오픈했을 당시에는 상호처럼 프티 푸르를 연상시키는 작고 앙증맞은 디저트를 위주로 만들었으나 현재의 위치로 이전하면서 다양한 패스트리와 케이크를 선보이고 있다. 그 중 가장 추천하고 싶은 메뉴는 셰프의 창의성이 엿보이는 밀푀유 시리즈. 종잇장처럼 얇은 퍼프 패스트리가 겹겹이 쌓이고 다양한 맛의 커스터드와 퓌레 등이 들어간 밀푀유는 정통 프랑스풍 레시피를 바탕으로 하고 있다. 오픈할 때부터 큰 인기를 얻은 여러 가지 맛의 캡슐아이스크림도 여전히 맛볼 수 있다.

베르사유 궁전을 모티프로 꾸민 실내도 인상적. 짙은 푸른색에 황금색으로 포인트를 주었다. 비너스 흉상과 유화로 장식해 화려함과 고풍스러움이 느껴진다. 창의 블라인드를 내리면 베르사유 궁전의 창을 통해 내다볼 수 있는 풍경이 프린트되어 있다.

매장 곳곳에 마카롱 모형과 마카롱 모형을 붙인 조명이 아기자기하게 꾸며져 있고, 한쪽 벽면은 거울로 되어 있어 상대적으로 넓은 느낌이 든다. 5~6인이 사용할 수 있는 작은 공간이 하나 따로 마련되어 있다.

전화 02-322-2669
주소 서울특별시 마포구 상수동 86-37
영업시간 11:30~23:00 | 금요일, 토요일 11:30~24:00 | 일요일13:00~22:00
휴무 연중무휴
주차 불가 **오픈년도** 2008년
메뉴 아이스크림(3천원~4천원), 부셰 (6천4백원), 밀화유(5천8백원~7천4백원), 오페라 (6천4백원), 까까케이크(4천2백원~4천6백원), 아메리카노(3천5백원), 홍차(4천2백원)

밀푀유

〈르 쁘띠 푸〉의 대표 메뉴인 밀푀유의 경우, 현재 총 6가지 메뉴가 있으며 그 중 밀푀유몽블랑이 가장 인기가 좋다. 밀푀유 시트 위에 블루베리마카롱시트, 바닐라크림치즈를 층층이 쌓아 올리고 밤크림과 졸인 밤, 마카롱으로 화려하게 장식했다. 밤은 매장 뒤편의 공장에서 직접 졸여서 만든다. 오페라케이크와 함께 남성들이 주로 찾는 케이크이기도 하다.

밀푀유스트로베리도 여성들이 자주 찾는 메뉴로, 시트 위에 각각 피스타치오 크림과 딸기 크림이 올라가 있다. 위는 생딸기와 피스타치오 가루로 장식했다. 밀푀유메이플피칸은 메이플시럽을 농축한 크림에 가루 낸 피칸이 촘촘히 박혀 있다. 밀푀유그린티에는 녹차크림이 들어가 있다. 밀푀유헤이즐넛타탕은 캐러멜에 졸인 사과가 시트와 크림 사이에 들어가 있고, 케이크 위에도 장식된다. 헤이즐넛 시트에 크로칸트를 넣은 헤이즐넛 크림을 얹었다. 밀푀유티라미수는 밀푀유 시트 위에 커피시럽으로 코팅한 것이 특징.

아래 사진은 왼쪽 위부터 시계 방향으로 밀푀유그린티, 밀푀유헤이즐넛타탕, 밀푀유티라미수, 밀푀유메이플피칸, 밀푀유몽블랑, 밀푀유스트로베리.

부슈

부슈는 프랑스에서 크리스마스 때 많이 먹는 부슈 드 노엘을 말하는 것으로, 통나무 모양을 본떠서 만든 케이크다. 프랑스인들은 일 년 내내 이 부슈 케이크를 즐긴다 한다. 우리나라에서도 크리스마스 시즌이면 〈르 쁘띠 푸〉에서 부슈 드 노엘을 예약 주문할 수 있다. 물론 평소에도 부슈를 조각 케이크로 즐길 수 있다.

〈르뿌띠푸〉의 부슈는 베리, 얼그레이, 그린티 세 가지가 있는데, 겉은 다쿠아즈를 코팅해 바삭바삭하고, 시트는 쫀득쫀득하다. 각각 베리 크림과 얼그레이 크림, 녹차 크림이 들어가며 특히 부슈얼그레이가 특히 여성들에게 인기가 좋다. 홍차 향이 강하게 나는 것이 특징인데, 케이크와 홍차에 사용되는 찻잎의 브랜드는 〈르 쁘띠 푸〉의 기밀일 정도. 롤 사이사이에 들어간 크림은 바닐라 치즈크림으로, 새콤한 맛이 난다. 부슈그린티는 크림 안에 초코 크런치가 박혀 있다. 케이크 위는 버터크림과 베리 등의 과일로 장식한다.

아래 사진은 왼쪽부터 부슈그린티, 부슈얼그레이, 부슈베리.

마 농 트로포

엄마가 만들어주는 가정식 수제 케이크

〈마 농 트로포 ma non troppo〉는 아늑한 가정집을 연상케 하는 분위기의 유기농 수제 케이크 전문점이다.

블로그를 통해 소규모로 베이킹 클래스를 진행하던 서정아 파티시에는 2011년 르 꼬르동 블루(숙명여대 아카데미)를 수료하면서, 본격적으로 홈메이드 스타일 디저트 전문점을 시작하게 되었다.

'내 아이에게 만들어 주는 디저트', '우리 집에 오는 손님에게 대접하는 디저트'를 생각하는, 엄마 같은 파티시에의 마음이 고스란히 전해지는 공간이다.

프렌치 디저트 레시피를 따르고 있지만, 정통만을 고집하지 않고 우리 입맛에 맞는 디저트라면 언제든지 〈마농 트로포〉의 메뉴에 오를 수 있다. 인기 메뉴인 롤 케이크 같은 경우는 프렌치 디저트는 아니지만, 한국적인 입맛을 고려한 메뉴 중의 하나다.

케이크를 만들 때 사용되는 생크림은 100% 동물성으로, 국내산 우유(서울우유, 매일우유)로 만든다. 버터 역시 뉴질랜드산 동물성 버터인 앵커 버터를 사용하며, 방사 유정란, 유기농 박력분 등 믿을 수 있는 유기농 재료들이 사용된다. 보존제와 유화제, 인체에 해로운 첨가물도 배제하고 있다.

건물은 총 2층으로 되어 있으며, 테이블과 의자가 균형 있게 배치되어 있어 편히 이야기를 나누기 좋다. 곳곳

전화 02-794-0011
주소 서울특별시 용산구 한남동 32-22
영업시간 11:00~23:00(마지막 주문 22:00)
휴무 매주 일요일, 명절 휴무
홈페이지
http://cafe.naver.com/manontroppo
주차 발레 파킹 **오픈연도** 2012년
메뉴 생과일롤케이크(6천5백원), 홍차애플케이크(6천원), 본마망타르트(9천5백원), 얼그레이쉬폰(5천8백원)

에 진열된 인테리어 소품과 고급스러운 그릇, 컵, 그림 등이 편안한 분위기를 더욱 돋보이게 한다. 1층에는 10명 이상이 앉을 수 있는 소파 자리가 넓게 마련되어 있으며, 그 자리에서 정기적으로 디저트 클래스가 진행되기도 한다.

2층은 크게 두 개의 방과 거실로 구성되어 있으며, 독립적이면서도 개방적인 느낌이 드는 공간이다. 일반 의자 외에도 푹신한 소파 자리가 따로 마련되어 있어, 편안히 케이크와 음료를 즐길 수 있다. '전망 좋은 방'이라고 불리는 독립된 공간은 예약하지 않으면 앉지 못할 정도로 인기가 많다. 커다란 창밖으로 한남동 일대가 보이는 전망을 자랑하며, 커다란 소파 자리로 구성되어 있다.

카페 앞에는 아담한 크기의 정원이 아기자기하게 꾸며져 있으며, 야외에 테라스 좌석이 마련되어 있다. 날씨가 좋을 때면 테라스 자리를 차지하려는 손님들로 인기가 많다. 정원 한쪽에서 직접 키운 민트와 허브 꽃은 메뉴에 사용되기도 한다.

생과일롤케이크

생과일롤케이크(오른쪽 페이지)는 손님들이 즐겨 찾는 메뉴다. 촉촉하고 부드러운 시트에 요거트, 크림치즈가 배합된 크림이 들어가며, 딸기, 키위, 오렌지 등의 과일이 큼지막하게 박혀 있다. 계절에 맞는 제철 과일 위주로 사용되며, 여름철에는 딸기 대신 거봉이 들어가기도 한다. 크림 위주로 맛을 내는 다른 곳의 생크림 롤케이크와 달리, 가장 기본이 되는 시트에 집중했다고 한다. 촉촉하고 부드러운 시트를 맛볼 수 있으며, 전체적으로 느끼하지 않고, 새콤한 과일의 맛이 물씬 느껴진다.

마 농 트로포

홍차애플케이크

홍차애플케이크는 이곳에서만 맛볼 수 있는 독특한 메뉴다. 홍차 맛이 진하게 퍼지는 부드러운 시트에 크렘파티시에가 들어가며, 향이 강하고 풍미가 깊은 럼의 일종인 다크 럼과 생크림 등이 조화를 이룬다. 크렘파티시에는 패스트리에 들어가는 커스터드를 말하는 것으로, 계란 노른자와 우유로 만든다. 생크림은 100% 동물성 크림을 사용한다. 생크림을 얹은 케이크 위에는 캐러멜라이징(캐러멜화)을 거친 조린 사과가 올라가며, 홍차는 영국산 아마드 홍차의 얼그레이가 사용된다. 홍차의 함유량이 많아 홍차의 진한 향이 느껴진다.

본마망타르트

본마망타르트는 일명 '할머니 타르트'라는 애칭으로 불리는데, 할머니가 손자에게 만들어주는 타르트처럼 재료가 아낌없이 푸짐히 들어가는 것이 특징이다. 럼 레즌(럼에 절인 건포도), 바닐라 빈으로 만든 타르트에 당절임 과정을 거친 무화과, 살구, 건포도, 크랜베리 등이 올라간다. 검은색을 띠는 무화과는 터키산 무화과를 사용하며, 특유의 향이 물씬 느껴진다.

마망 갸또

엄마가 만들어주는 과자

캐러맬을 주제로 하는 베이킹 스튜디오 겸 디저트 카페. 〈마망 갸또 maman gateaux〉는 엄마가 만들어 주는 과자라는 뜻으로, 르 꼬르동 블루 출신이며 베이킹 전문가인 피윤정 오너 파티시에가 런칭한 베이킹 전문 브랜드다.

캐러멜은 우리에게는 아직 대중화되지 않았지만, 프랑스를 비롯한 유럽에서는 많은 사랑을 받는 디저트 중의 하나다. 녹인 설탕에 버터, 크림, 과일즙 등의 천연 재료를 넣어서 만든 생 캐러멜은 그 고급스러운 맛에 한 번 길들면 계속 찾게 된다.

대표 메뉴인 생 캐러멜을 비롯하여 캐러멜빙수, 캐러멜아포카토 등 캐러멜이 들어간 다양한 디저트를 맛볼 수 있는데, 시오 캐러멜, 시오 초콜릿 등 시오(소금)가 들어간 디저트도 유명하다.

캐러멜뿐만 아니라, 캐러멜 크림이 활용된 케이크 종류도 인기가 많다. 티라미수와 롤 케이크 등에서도 진한 캐러멜 맛을 즐길 수 있다.

화이트와 우드 톤으로 꾸며진 실내 한쪽 벽면을 가득 채운 다양한 베이킹 소품들을 구경하는 재미도 있다.

2, 3층에 마련된 쿠킹 아카데미에서 쿠킹 클래스를 진행하고 있어 다양한 디저트를 직접 배울 수 있다. 다른 곳보다 베이킹 관련 소품들을 다양하게 볼 수 있는 것이 특징. 가로수길 본점은 피윤정 파티시에가 직접 운영하며, 홍대점과 최근 오픈한 강남역점은 직영점으로 운영된다.

전화 070-4353-5860
주소 서울특별시 강남구 신사동 524-27
영업시간 13:00~23:00 / 주말 12:00~22:00 **휴무** 연중무휴
주차 발레 파킹 **오픈년도** 2007년
메뉴 생카라멜(1천원), 카라멜롤케이크(6천원), 캐러멜티라미수타르트(7천원), 생카라멜빙수(1만5천원)

캐러멜

말차, 얼그레이, 라즈베리 등 다양한 재료로 맛을 낸 다양한 종류의 캐러멜이 인기 메뉴다. 캐러멜은 일본식 캐러멜과 비슷한 스타일로, 첨가물이 일절 들어가지 않으며, 어떠한 가공도 거치지 않은 재료만을 사용한다. 입안이 얼얼한 단맛이 아니라 은은하면서 고소하게 퍼지는 단맛이다. 입에 넣으면 사르르 녹으면서 이에 잘 달라붙지 않아 남녀노소 누구나 좋아할 듯하다. 10여 가지에 이르는 캐러멜은 파티시에의 독창적 레시피로 만들어져, 다른 곳에서는 접할 수 없는 독특한 캐러멜을 맛볼 수 있다. 시오캐러멜은 천일염이 들어간 것으로, 부드러운 버터의 맛과 짭조름한 소금 맛이 오묘하게 조화를 이룬다.

마망 갸또

캐러멜티라미수타르트

캐러멜티라미수타르트는 직접 내린 에스프레소를 시트에 적신 후 진한 마스카르포네 치즈와 캐러멜 생크림을 믹스해 만든 무스를 올린다.

캐러멜롤케이크

캐러멜롤케이크(오른쪽 페이지)는 부드러운 시트에 캐러멜 생크림이 샌드되며, 캐러멜 글라사주로 코팅된다. 글라사주와 캐러멜 생크림, 시트를 한 포크에 먹어야 롤 케이크의 제대로 된 맛을 볼 수 있다. 진한 캐러멜의 풍미와 달콤함이 입 안에 가득 찬다.

마카롱

유럽을 대표하는 맛, 마카롱과 밀피유

〈마카롱MACARON〉의 파티시에 루벤 잔 아드리안 씨는 우리나라 마카롱의 역사를 시작한 사람이라고 해도 과언이 아니다. 오래전 프랑스를 왔다갔다하는 사람들의 입소문을 통해서 우리나라에 알려진 마카롱은 그 실체가 없이도 마니아들을 늘리고 있었다. 어쩌다 프랑스에서 공수되는 귀한 마카롱을 통해서 그 존재를 확인하고 있었다고나 할까.

그러던 어느 날 서울에 마카롱을 제대로 만드는 곳이 홀연히 등장하였다. 바로 벨기에인 루벤 잔 아드리안 씨가 〈마카롱〉을 오픈하기 전에 일했던 A라는 디저트 전문점이다. 제대로 본토 풍으로 만들어진 마카롱을 이제 서울에서도 아무 때나 실컷 먹을 수 있게 된 것이다. 이후 흉내만 낸 듯한 마카롱이 여기저기서 만들어지기 시작했지만, 아드리안 씨의 마카롱은 한동안 독보적인 위치를 차지하였다.

홍대 앞의 〈마카롱〉은 2년 전 아드리안 씨가 독립해서 오픈한 곳으로, 그때 시절보다 마카롱 맛이 업그레이드 되었다는 평이다. 파리에서 디저트를 배우고, 〈피에르 에르메〉에서도 1년간 일한 경력이 있다는 아드리안 씨는 1년이면 마카롱에 관한 모든 것을 배울 수 있는 시간이라며 자신감을 내보인다.

〈마카롱〉은 다른 마카롱 전문점보다 가격대가 저렴하면서 맛의 퀄리티가 높아서 마카롱을 좋아하는 사람들 사이에서는 잘 알려진 곳이다. 화이트와 핑크로 펑키하게 꾸며진 발랄한 느낌의 매장 분위기는 여성들에게 인

전화 02-3144-0966
주소 서울특별시 마포구 서교동 343-2
영업시간 11:00~22:00
휴무 매주 월요일 휴무
주차 불가 오픈년도 2012년
메뉴 마카롱 (개당 1천7백원), 밀푀유(5천8백원), 아이스크림소 4천6백원, 대 6천4백원), 아메리카노(3천5백원)

기가 많다. 마카롱뿐 아니라 쿠키, 아이스크림, 케이크, 슈 등 다양한 종류의 디저트도 함께 판매 중이다.

입구에 들어서면 형형색색의 마카롱과 케이크가 들어 있는 쇼케이스가 미각을 자극하고 한쪽에는 소량으로 개별 포장된 쿠키가 종류별로 진열되어 있다. 세트로 구입할 경우 로고가 새겨진 깔끔한 흰색 종이 박스에 분홍색 리본으로 예쁘게 포장을 해 주기 때문에 선물용으로 좋다.

신사동에 2호점이 있으며, 판매하는 마카롱은 모두 홍대점에서 만들어 배달된다.

마카롱

총 열두 가지 플레이버의 마카롱을 판매하고 있는데, 로즈라즈베리, 사쿠라, 솔티캐러멜, 그린티레드빈, 바닐라, 유자 등이 인기가 많다. 트러플 마카롱도 최근 트러플의 풍미에 익숙해진 사람들 사이에서 제법 인기가 있는 편이다. 마카롱은 너무 달지 않으면서 재료의 향이 은은하게 퍼진다. 마카롱은 한 입 베 물면 셸 표면이 바삭하면서도 내부는 쫀득한 느낌을 준다. 〈피에르 에르메〉 스타일을 그대로 재현하였다.

파티시에의 추천은 바닐라 마카롱인데, 일반적으로 바닐라는 가장 기본적인 맛으로 인식되지만 실제로는 바닐라 빈 역시 비쌀뿐더러, 깔끔한 특유의 맛을 살리기가 쉽지 않다는 것이 그 이유다.

마카롱

이스파한

이스파한은 기본적으로 커다란 마카롱이라 할 수 있는데, 아기자기한 형태와 마카롱 셸 위에 얹어진 장미꽃잎이 인상적이다. 셸 안에는 장미 크림과 라즈베리, 라즈베리 잼과 리치를 넣고 장미꽃잎으로 장식했다. 이스파한은 피에르 에르메가 처음으로 만든 로맨틱한 디저트로, 장미와 산딸기의 향이 조화롭다.

1001 leaves 밀푀유

밀푀유(오른쪽 페이지)는 천 개의 이파리는 말 그대로 종잇장 같은 수많은 층으로 된 퍼프 패스트리 사이에 바닐라와 이탈리안 마스카르포네 치즈를 채운 것이다. 퍼프 패스트리에는 프렌치 버터를 사용하며 슈가파우더와 캐러멜을 더해 캐러멜화 했다. 입에 넣으면 부드럽게 부서지는 퍼프 패스트리에 녹진한 마스카르포네 치즈 맛이 잘 어우러진다.

메종 드 조에

마카롱이 맛있는 프랑스풍 베이커리

〈메종 드 조에 Maison de Zoe〉는 최근 인기 있는 프랑스풍 윈도 베이커리 중의 하나다. 천연 발효종을 사용한 빵과 마카롱 등이 수준 높다. 박혜원 오너 파티시에가 프랑스에서 공부할 때 쓰던 조에라는 이름을 그대로 살려, 조에의 집이라는 뜻의 〈메종 드 조에〉를 오픈했다. 한적한 골목 안쪽에 자리 잡고 있으며 외부와 내부가 모두 원목으로 꾸며진 동네의 작은 빵집 같은 모습이다.

오픈 초기에는 마카롱 외에도 다양한 프랑스 빵을 판매했지만, 최근에는 마카롱과 프랑스식 쿠키, 에클레르 등에 집중하고 있다.

쇼케이스 안에는 여러 가지 케이크와 함께 앙증맞은 크기의 마카롱이 자리하고 있다. 가지런히 진열된 것이 아니라, 커다란 유리그릇 안에 종류별로 자연스럽게 담겨 있다. 화려하거나 고급스럽지는 않지만 편안하고 소박한 분위기다.

쿠키는 버터가 듬뿍 들어가 풍부한 맛이 느껴지며 달지 않으면서 부드럽게 입에서 녹는다.

마카롱이나 쿠키는 투박한 외모를 하고 있지만, 맛을 보게 되면 좋은 재료를 아낌없이 써서 만든 정성이 느껴진다.

2호점인 현대백화점 압구정점에 이어, 작년에는 삼성동 현대백화점 무역센터 점에 3호점을 오픈했다. 박혜원 파티시에는 최근 오픈한 현대백화점 무역센터 점에 집중하고 있다.

전화 02-540-1858
주소 서울특별시 강남구 청담동 50-7
영업시간 09:00~21:00
휴무 매주 일요일 휴무
주차 불가 오픈년도 2009년
메뉴 마카롱(개당 1천5백원)

마카롱

〈메종 드 조에〉에서 맛볼 수 있는 마카롱과 쿠키는 전체적으로 투박한 모양새지만 자연스러운 모양과 쨍한 색감을 낸다. 마카롱은 셸 (코크 coquille) 부분이 얇지 않고 두꺼운 편으로, 전체적으로 위아래로 동글동글한 모습을 띤다. 쫀득한 필링과 바삭 부서지는 머랭의 조화가 일품이다. 뜨거운 시럽을 넣어 만드는 이탈리안 머랭을 사용한다. 총 13가지 종류의 마카롱이 고정 메뉴로 판매되고 있으며, 민트, 라즈베리, 바닐라, 피스타치오 마카롱이 가장 인기가 많다. 민트마카롱은 필링에 민트 초코와 카카오그릴드(카카오 껍데기), 민트 에센스 등이 들어간다. 직접 만든 잼이 들어가는 마카롱도 있는데, 열전도율이 높은 돌냄비에 직접 잼을 만들어 사용한다고 한다. 오렌지, 레몬 마카롱 등은 생과일이 통째로 들어가 상큼한 과일의 맛을 그대로 느낄 수 있다.

쿠키

마카롱뿐만 아니라 프랑스식 쿠키도 맛이 상당한데, 서울에서 맛볼 수 있는 최고의 쿠키라 할 수 있다. 수제 쿠키인 만큼, 모양이 일정하기보다는 자연스럽게 투박한 모습이다. 쫀득하면서도 부드러운 소프트쿠키, 디아망을 비롯해 부서지는 듯한 식감의 사블레쿠키, 산뜻한 잼 맛의 산딸기타르틴 등 다양한 종류의 쿠키를 선보인다. 초코칩이 박혀 있는 초코칩쿠키와 산딸기 잼이 덧발라진 프랑수아쿠키, 크랜베리호두쿠키는 남녀노소 무난히 좋아할 만하다. 여러 가지 쿠키를 함께 포장 판매하기도 하며, 선물용으로도 좋다.

몹시 초콜릿 케이크

뜨겁고 진한 초콜릿 케이크가 유명

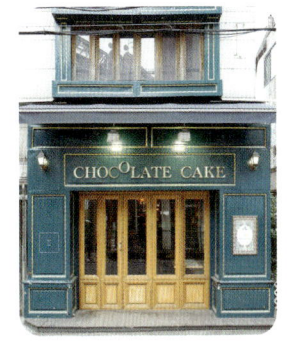

디저트에도 유행이 있다? 가파른 속도로 미식 수준이 발전하는 서울에서는 디저트 분야만 해도 기존에 보지 못했던 것들이 속속 소개되면서 비약적인 발전을 이루는 중이다. 이 과정에서 어떤 디저트가 한때 유행처럼 번진 후 다음 단계로 넘어가는 듯한 느낌도 든다.

〈몹시 초콜릿 케이크MOBSIE CHOCOLATE CAKE〉는 레스토랑마다 유행처럼 내놓던 퐁당쇼콜라를 전문적으로 내면서 인기를 끈 곳이다. 퐁당쇼콜라는 겉으로 보면 초콜릿 케이크인데 포크를 대는 순간 안에서 뜨거운 초콜릿 액체가 주르륵 흘러내리는, 퍼포먼스 같기도 한 그 모습으로 우리의 미각을 유혹한 디저트다.

예쁜 초콜릿 케이크 모습을 간직하고 있던 퐁당쇼콜라를 과감하게 머그컵에 집어넣어 투박하게 구워낸 곳이 바로 〈몹시 초콜릿 케이크〉다. 만들 때 겉모양에 신경 쓰지 않아도 되니 상대적으로 가격도 저렴하고 안에 초콜릿도 인심 좋게 많이 들어 있던 것이 인기의 비결이었던 것 같다. 케이크에 곁들이는 어마어마하게 큰 커피잔도 인상적이었다.

짙은 초록색의 외관과 하늘색을 메인 컬러로 한 내부는 프랑스 파리 뒷골목의 낡은 가게 같은 느낌을 주려 노력했다고 한다. 오후 2시부터 문을 여는 즉시 자리가 꽉 찰 정도로 인기가 높다.

최근에는 인근에 치즈케이크 전문점도 오픈하여 운영 중이다.

전화 02-3142-0306
주소 서울특별시 마포구 서교동 334-16
영업시간 14:00~23:00 **휴무** 명절 휴무
주차 불가 **오픈년도** 2008년
메뉴 바로구운초콜릿케이크(보통 5천원, 대 8천원), 클래식초콜릿케이크(4천8백원), 크랜베리초콜릿케이크(5천원), 핫초코(5천8백원), 초콜릿프라페(6천5백원)

바로구운초콜릿케이크

〈몹시 초콜릿 케이크〉의 메인 메뉴인 초콜릿케이크의 기본은 모두 같다. 바로구운초콜릿케이크(오른쪽 페이지)는 따뜻하게 데워 내부의 초콜릿이 흐르도록 하고, 그 외의 초콜릿케이크는 이를 따뜻하게 하지 않고 차갑게 식혀 쫀득한 식감을 낸 것이다. 진하고 강하며 충격적인 초콜릿 맛을 내는 것이 몹시 초콜릿 케이크의 콘셉트. 머그잔에 담겨 나오는 바로구운초콜릿케이크는 봉긋하게 생긴 바삭한 표면을 숟가락으로 쿡 누르면 초콜릿 원액이 진하게 흘러나온다. 케이크는 투박하면서 거친 느낌이다. 따뜻하면서도 진득한 질감의 초콜릿을 케이크와 함께 숟가락으로 가득 퍼먹는 것이 맛있게 먹는 방법이다. 나오자마자 바로 입에 넣으면 뜨거워서 입천장이 까질 수 있으니 주의해야 한다.

아이스크림과뜨거운초콜릿

아이스크림과뜨거운초콜릿은 아포가토에 에스프레소 대신 진한 초콜릿을 넣은 음료다. 아이스크림의 모양을 유지하기 위해 직원이 직접 테이블에서 초콜릿을 부어준다. 아이스크림 역시 매장에서 직접 만드는 것으로, 오렌지페코 같은 향이 난다. 아이스크림에는 생크림이 거의 들어가지 않고 우유를 많이 넣어 셔벗과 비슷한 느낌이다.

몹시 치즈 케이크

치즈, 치즈, 치즈 케이크

〈몹시 치즈 케이크MOBSIE CHEESE CAKE〉는 초콜릿 케이크로 유명한 〈몹시 초콜릿 케이크〉에서 오픈한 2호점이다. 진한 녹색으로 꾸며진 1호점과 대비를 주려고 간판에 붉은색을 사용해 포인트를 주었다. 단을 높여 데크를 깐 테라스와 붉은색 난간이 앤티크한 느낌을 살림과 동시에 이국적인 분위기를 풍긴다. 내부는 오픈 키친 형태를 취하고 있어 깨끗하고 단정한 느낌을 준다. 하늘색으로 칠해 밝고 경쾌한 느낌이 드는 1호점과 달리 차분한 무채색 계열로 내부를 꾸몄으며 내부 공간이 넓어서 여유롭게 앉아 케이크 맛을 음미할 수 있다.

주문과 동시에 굽기 시작하는 치즈케이크가 메인 메뉴다. 기본적인 치즈케이크를 베이스로 하여 베리치즈케이크, 레몬치즈케이크 등 다양한 베리에이션 치즈케이크를 선보인다. 또한, 모든 치즈 케이크는 1호점인 〈몹시 초콜릿 케이크〉에서처럼 따뜻한 치즈케이크와 차가운 치즈케이크로 나뉜다.

1호점에서는 간단한 커피와 에이드 종류만을 취급하는 반면, 몹시 치즈 케이크는 차와 주류도 갖추고 있다. 커피도 우유를 사용한 배리에이션커피가 다양하게 준비되어 있고, 홍차나 와인, 샹그리아를 선택할 수도 있다.

스페인산 백포도주인 카바에 소르베를 사용한 디저트 메뉴가 인상적이다. 간단한 맥주도 판매하고 있어 음료 선택의 폭이 넓다.

전화 070-8162-0920
주소 서울특별시 마포구 서교동 330-3
영업시간 14:00~23:00
휴무 매주 화요일, 명절 휴무
주차 불가, **오픈년도** 2008년
메뉴 바로구운치즈케이크(6천8백원), 바로구운베리치즈케이크(7천원), 클래식치즈케이크(5천원), 베리베리치즈 케이크(5천3백원), 크림블치즈케이크(5천3백원), 래몬치즈케이크(5천5백원)

베리베리치즈케이크

베리베리치즈케이크는 치즈케이크 안에 크랜베리와 블루베리에 설탕을 넣어 끓인 것이 들어가 있다. 치즈의 특성상 구울 때 살짝 꺼진 윗부분에 베리를 올려 장식했다. 함께 나오는, 잘게 부순 플레이크와 먹으면 부드러운 치즈케이크에 바삭한 과자가 더해져 독특한 식감을 준다.

치즈케이크

작은 스타우브 용기에 담겨 나오는 바로구운치즈케이크(오른쪽 페이지)는 윗면이 봉긋하게 부풀어 있는데, 바삭한 질감을 가진 이 부분을 숟가락으로 퍼 올리면 안쪽의 촉촉한 질감의 치즈케이크를 맛볼 수 있다. 몹시초콜릿케이크의 강렬한 초콜릿 맛과는 다르게 치즈케이크는 대중적인 맛을 내려고 노력했다. 또한, 크림치즈의 종류를 다양하게 섞어 〈몹시 치즈 케이크〉만의 맛을 만들어냈다. 부드럽게 부풀어 오른 케이크는 수플레와 흡사한 식감이다. 바로 구워 나오기 때문에 매우 뜨거우므로 주의해야 한다.

미카야
단아한 분위기와 맛의 케이크

〈미카야〉는 오래전부터 홍대 앞에서 케이크 전문점으로 인기를 끌던 케이크 전문 북카페다. 오너 파티시에의 단아한 외모만큼이나 실내 분위기도 차분하다. 북카페인 만큼 조용한 분위기를 유지하기 위해 15세 미만 청소년이나 6인 이상의 단체손님은 입장이 제한된다.

최근 최신 트렌드의 디저트 카페들이 홍대 앞에 많이 생겨났지만, 〈미카야〉의 케이크 맛을 잊지 못해 찾는 사람들이 많다. 가장 인기 있는 케이크는 치즈와 생크림을 차갑게 굳혀서 만드는 레어치즈케이크. 〈미카야〉의 케이크는 밀가루를 거의 사용하지 않고 생크림을 사용하며 케이크를 부풀리지도 않아 케이크가 작고 밋밋해 보이지만 실제로는 다른 가게의 케이크보다 더 많은 재료가 들어간다. 특히 치즈케이크의 치즈나 초콜릿케이크의 초콜릿은 다른 곳보다 세 배나 더 많이 사용된다.

특별한 레시피를 추구하기보다는 기본에 충실한 음식을 만드는 것이 파티시에의 철학. 우유는 매일유유를, 생크림은 덴마크유업의 것을 사용한다. 홀 케이크가 필요할 때에는 하루 전에 주문해야 한다.

실내는 흰색 벽에 진한 고동색 소파로 포인트를 주고, 파티시에가 직접 고른 생화를 장식해 차분한 느낌이 든다. 테이블은 열 개 남짓으로 아담한 편이다. 선반에는 장르를 불문하고 다양한 책들이 꽂혀 있는데, 모두 파티시에가 한 번 읽고 난 것들 가운데 선별된 책들이다. 처음에는 주로 인문학 위주의 콜렉션이었으나, 카페를 운영

전화 02-3143-3579
주소 서울특별시 마포구 서교동 446-59
영업시간 12:00~23:00
휴무 매주 일요일, 월요일, 명절 휴무
홈페이지 http://www.michaya.co.kr
주차 불가 오픈년도 2005년
메뉴 레어치즈케이크(5천8백원), 레어치즈홀케이크(4만5천원), 음료(4천원~7천원), 팥빙수(8천원)

하면서 작가, 번역가, 출판사에서 일하는 손님들이 많아져, 최근에는 종류가 다양해졌다. 책 가운데 일부는 정가가 아니라 임의의 돈을 지급하고 사갈 수 있으며, 판매 금액은 모두 유니세프에 기부된다고 한다.

레어치즈케이크

레어치즈케이크는 〈미카야〉가 처음 문을 열 때부터 있었던 인기 메뉴다. 깔끔하고 정갈하게 잘려 나온 케이크는 진하고 깊은 치즈의 풍미를 느낄 수 있다. 치즈 부분은 달지 않고 묵직한 맛이며 아래쪽의 타르트는 상대적으로 바삭하고 달콤해 맛의 조화를 이룬다. 특히 치즈는 진한 맛에 비해 가벼운 식감으로 부드럽게 입안에 녹는다. 폴리 크림치즈와 생크림 등을 섞어 차갑게 굳힌 케이크다. 집에서 구운 것처럼 군더더기 없이 심플한 치즈케이크로 소문나 마니아가 많다.

쇼콜라타르트

쇼콜라타르트에는 설탕이 거의 들어가지 않기 때문에 타르트 위에 듬뿍 올라가 있는 초콜릿이 달게 느껴지지 않는다. 조각으로 잘라낸 케이크의 단면을 보면 진한 초콜릿의 텍스처를 느낄 수 있다. 코코아파우더는 발로나를, 케이크의 초콜릿은 벨기에산을 사용한다.

뉴욕치즈케이크

뉴욕치즈케이크도 가게 오픈 당시부터 있었던 메뉴 가운데 하나. 꾸준히 인기를 얻어 한 번도 메뉴에서 빠진 일이 없다. 치즈를 굳혀서 만드는 레어치즈케이크와 달리 뉴욕치즈케이크는 치즈를 스팀으로 구워 만든다. 바삭한 타르트 위에 올라간 치즈크림이 맛있다. 부드러우면서도 살짝 새콤한 맛을 느낄 수 있다. 케이크 위 가장자리를 하얀 슈가파우더로 장식해, 연한 레몬색과 타르트지의 노릇한 갈색, 그리고 슈가파우더의 흰색으로 이루어진 색의 조화가 보기 좋다.

밀 갸또

정통 프렌치에 가까운 디저트

〈밀 갸또 mille gateaux〉는 천 개의 케이크라는 뜻. 르 꼬르동 블루 프랑스 파리 본교 출신 파티시에가 만드는 프랑스 정통 디저트의 맛을 느낄 수 있다. 고재욱 파티시에는 르 꼬르동 블루를 졸업하고 나서 마카롱으로 유명한 〈피에르 에르메〉에서 인턴으로 일을 배운 바 있다. 파리 봉마르셰 백화점의 식품관인 〈라 그랑 에피서리〉에서도 경험을 쌓았으며, 르 꼬르동 블루에서 조교 생활까지 한 경력이 있다. 프랑스에서의 다양한 경험을 살려, 이수역 부근에 〈밀 갸또〉 1호점을 내게 된다. 현재 이수점은 다른 사람이 운영하고 있으며, 따로 판교에 〈밀 갸또〉 분점이 있다. 고재욱 파티시에는 교대점에서 직접 작업을 하며 여기서 만든 디저트를 판교점에도 보낸다고 한다.

〈밀 갸또〉의 디저트는 정통 프렌치에 가까운 디저트다. 한국인의 입맛에 맞게 변형하기보다는 프랑스 디저트를 정통 레시피로 선보인다는 것이 전체적인 콘셉트로, 처음에는 마카롱, 쇼콜라, 에클레르, 초콜릿무스케이크 등 정통 프랑스식 디저트만 선보였다. 하지만, 최근에는 당근케이크 같은 미국식 디저트도 시도해보고 있다. 마카롱쿠키, 아몬드다쿠아즈, 기모브를 비롯한 프랑스식 쿠키 종류도 인기가 좋다.

마카롱, 밀푀유, 발로나밀크초콜릿무스 등 대표적인 메뉴들은 변동 없이 고정되지만, 케이크나 마카롱은 매달 1~2개씩 새로운 메뉴가 추가되기도 한다.

멀리서도 눈에 띄는 빨간색 차양이 인상적이며, 내부도 화이트와 레드의 조화로 깔끔하면서 심플한 분위기를

전화 02-585-9997
주소 서울특별시 서초구 서초동 1689-16
영업시간 11:00~21:00 휴무 연중무휴
주차 가능 오픈년도 2011년
메뉴 밀푀유(7천5백원), 에클레어(4천5백원), 발로나밀크초콜릿무스(6천5백원), 마카롱케이크(2만5천5백원)

지니고 있다. 내부의 테이블은 4개 내외로 아담한 규모이며, 날씨가 좋을 때는 야외 테라스도 오픈한다.

홀보다 훨씬 넓은 최신식 주방이 특징이며, 다양한 종류의 디저트, 케이크들이 쇼케이스에 예쁘게 진열되어 있다.

발로나밀크초콜릿무스

가장 인기 있는 메뉴인 발로나밀크초콜릿무스(오른쪽 페이지)는 아몬드 다쿠아즈와 발로나 밀크 초콜릿을 이용한 무스 케이크로, 독특한 비주얼을 자랑한다. 밀가루를 사용하지 않고, 무스에도 젤라틴이 들어가지 않는 것이 특징이다. 헤이즐넛이 첨가된 밀크 초콜릿에 밀크 무스, 크루드 카카오 등이 들어가며, 모두 프랑스의 발로나 초콜릿을 사용한다. 아몬드 다쿠아즈의 고소함이 입안 가득 퍼지면서 부드러운 초콜릿 무스가 조화를 이룬다.

마카롱

마카롱은 크기가 큰 편으로, 시중에 판매되는 보통의 마카롱보다 필링이 2배 정도 더 들어가는 것이 특징이다. 뜨겁게 끓인 시럽을 넣어 만든 머랭을 사용하는 이탈리안 마카롱 스타일이다. 차가운 머랭을 사용하는 프렌치 마카롱보다 셸이 더 쫄깃쫄깃하며, 냉장 유지에 더 쉽다. 이탈리안 머랭은 〈피에르 에르메〉에서 선보이는 스타일로, 〈피에르 에르메〉에서의 경험을 살린 것이라 할 수 있다.

타르트

타르트(오른쪽 페이지) 역시 프랑스 정통 방식으로 만든다. 레몬타르트, 초코 타르트, 에그타르트, 딸기타르트, 몽블랑타르트 등 선보이는 타르트의 종류도 다양하다. 계절이나 때에 따라 선보이는 타르트의 종류는 조금씩 달라진다. 밀가루와 버터를 섞어 만든 타르트 시트는 단단한 편이다. 가장 인기 있는 타르트는 레몬타르트로, 레몬제스트로 만든 크림이 사용된다. 레몬 특유의 상큼한 맛이 입 안 가득 느껴진다.

비 스위트 온

일본풍이 가미된 프렌치 디저트

〈비 스위트 온Be Sweet On〉의 정헌도 파티시에는 동경제과학교 출신으로, 일본의 한 디저트 전문점에서 2년 정도 일한 경험이 있다. 일본에서의 경험과 프랑스 디저트에 대한 관심이 한데 어우러져, 프랑스식 디저트에 일본풍이 가미된 디저트를 선보인다. 2013년 7월, 〈비 스위트 온〉의 2호점인 〈라 뽐므〉가 가로수길에 오픈하게 되면서, 현재 정헌도 파티시에는 〈라 뽐므〉에 집중하는 편이다. 그의 자리를 대신해서, 다른 디저트 전문 파티시에가 디저트를 선보인다.

〈비 스위트 온〉과 〈라 뽐므〉는 같은 파티시에가 운영하다 보니, 메뉴 대부분이 동일하다. 다만, 매장별로 선보이는 메뉴가 조금씩 다르다. 〈비 스위트 온〉에서는 밀푀유쇼콜라오레와 파리브레스트를, 〈라 뽐므〉에서는 생토노레쇼콜라를 추가로 즐길 수 있다.

가장 인기 있는 메뉴는 밀푀유인데, 퍼프 패스트리 층이 겹겹이 살아 있는 프랑스식 밀푀유와는 달리 일본풍으로 변형된 밀푀유다. 즉 파이처럼 얇게 구워낸 퍼프 패스트리를 세 장 얹고 그 사이에 커스터드 크림과 갖은 재료들을 넣어 만드는 것으로, 프랑스식 밀푀유를 해체하여 재구성한 모습이다. 보통 직사각형으로 된 프랑스식 밀푀유와는 달리 일본식은 정사각형인 경우가 많다.

〈비 스위트 온〉의 전체적인 인테리어 콘셉트는 일본풍과 프로방스 스타일의 인테리어가 혼합된 형태다. 역시 유럽식 인테리어를 일본식으로 재구성한 것으로, 프랑스식 디저트에 일본풍이 가미된 〈비 스위트 온〉의 디저트

전화 02-323-2370
주소 서울특별시 마포구 서교동 339-3
영업시간 14:00~23:00 | 주말 13:30~22:30 **휴무** 명절 휴무
주차 불가 **오픈년도** 2009년
메뉴 타르트 타탕, 밀푀유쇼콜라오레, 딸기 밀푀유(각 1만9백원), 파리브레스트, 쇼콜라 몽블랑, 크레이프수제트(각 8천3백원)

콘셉트와 일맥상통한다. 전 좌석이 금연제로 운영되며, 외부 벽면은 전면 통유리를 사용해 채광이 좋다. 카운터 뒤로는 주방을 볼 수 있도록 오픈하여 디저트 만드는 모습을 볼 수 있다.

사용하는 버터는 〈라 뽐므〉와 마찬가지로 프랑스 최고급 버터라고 알려진 이즈니 버터로, 겨울 1~2달은 이즈니 버터가 아닌 프랑스산 엘르앤비르 버터를 사용한다. 생크림은 울진의 신우목장, 계란은 초록마을의 유정란을 사용하며, 디저트에 사용되는 아이스크림과 크림 등은 모두 매장에서 직접 만들어 사용한다.

딸기밀푀유

〈비 스위트 온〉에서는 두 가지 밀푀유를 맛볼 수 있다. 그 중의 하나인 밀푀유쇼콜라오레는 밀크 초콜릿이 가미된 커스터드 크림과 오렌지 콩피, 플라리네, 캐러멜 아이스크림이 조화를 잘 이룬다. 밀푀유쇼콜라오레가 초콜릿 위주로 재구성한 디저트라면, 딸기밀푀유(오른쪽 페이지)는 신선한 딸기를 중심으로 재구성한 밀푀유다. 딸기가 제철인 겨울부터 봄까지 즐길 수 있는 계절 한정 메뉴로, 세 장의 퍼프 패스트리 사이에 커스터드 크림과 슬라이스 된 딸기가 올라간다. 그 위에 수제 저지방 요거트 딸기 아이스크림이 얹어지고 발로나 이부아르 화이트 초콜릿 장식이 올려진다. 소스로는 딸기 소스, 허니 소스가 곁들여진다.

파리브레스트

파리브레스트는 슈 반죽에 아몬드와 헤이즐넛의 프랄리네 버터크림과 커스터드 크림, 발로나의 밀크 초콜릿을 섞어 만든 무슬린 크림(계란 흰자와 생크림을 혼합해서 만드는 크림)이 샌드되어 있는 것이다. 크림 안에는 슈트로이젤(소보루)을 넣어 식감을 강화했고, 프랑스산 버터의 진한 풍미가 느껴지는 디저트다.

크레프수제트

크레프수제트(오른쪽 페이지)는 대표적인 프렌치 디저트 중의 하나다. 오리지날 레시피는 오렌지 소스에 크레프를 적셔서 만들지만, 〈비 스위트 온〉에서는 약간 변형하여 패션푸르츠와 망고 소스를 넣은 오렌지 무스를 쿠앵트로(오렌지 껍질로 만드는 리커, 원산지는 프랑스) 소스에 적신 얇은 크레프로 감싸서 만들었다. 새콤한 맛의 패션푸르츠 마카롱이 곁들여져 나온다. 전체적으로 오렌지 특유의 상큼함이 느껴진다.

삐아프

서울을 대표하는 아티잔 초콜릿

〈삐아프^{Piaf}〉는 프랑스식 아티잔 초콜릿을 만날 수 있는 곳으로, 서울에서 손꼽히는 초콜릿 전문점 중의 하나.

프랑스 파리의 르노트르와 발로나에서 초콜릿을 배워 온 쇼콜라티에 고은수 씨가 운영하고 있다. 고은수 쇼콜라티에는 서울대학교 컴퓨터공학부를 다니다 초콜릿의 매력에 빠져 쇼콜라티에로 전향한 이색적인 이력의 소유자다. 그만큼 초콜릿에 대한 열정과 애정이 남다르다. 기회가 된다면 그에게 초콜릿에 관한 화두를 한 번 던져보자. 초콜릿의 역사부터 초콜릿 비즈니스에 얽힌 에피소드, 초콜릿에 대한 철학 등 초콜릿을 매개로 한 이야기가 끊임없이 이어질 것이다.

브라운 톤의 차분하면서도 깔끔한 분위기의 매장은 초콜릿과 포장 패키지들로 장식되어 있다. 우선 쇼케이스를 가득 채운 15가지의 초콜릿이 눈길을 사로잡는다. 다양한 종류의 초콜릿을 미리 맛볼 수 있도록 따로 시식 접시도 준비되어 있다. 〈삐아프〉는 한국에서는 보기 드문 오픈 쇼케이스로 초콜릿을 진열하고 있는데, 초콜릿 보관의 적정 온도인 18~20도의 온도를 유지하며 습도를 꼼꼼하게 체크한다고 한다. 쇼케이스 위에 유리가 덮여 있는 줄 알고 무심코 핸드백을 올려놓기라도 한다면 낭패다. (사실 이것은 필자의 경험담이기도 하다.)

초콜릿의 맛과 향을 자세하게 설명해 놓은 카탈로그가 옆에 있으니 직접 맛보며 설명과 비교해보는 것도 좋겠다. 매장 내에는 초콜릿을 먹을 수 있는 공간이 별도로

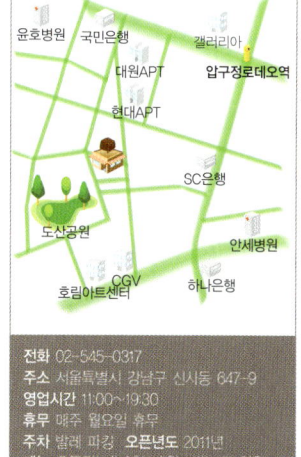

전화 02-545-0317
주소 서울특별시 강남구 신사동 647-9
영업시간 11:00~19:30
휴무 매주 월요일 휴무
주차 발레 파킹 **오픈년도** 2011년
메뉴 초콜릿(1개 2천4백원, 4구 1만1천원, 9구 2만3천원, 15구 3만7천원), 아몬드초콜릿(1만2천원), 잔뒤야쒜이즐넛(1만2천원), 로쉐(1만6천원), 오랑제뜨(2만원)

마련되어 있지 않으며 판매만 하고 있다.

천일염 프랄리네와 무화과 와인과 알코올을 끓여서 만들어낸 포트와인도 인기 메뉴. 천일염 프랄리네는 아몬드 프랄리네 위에 프랑스 게랑드 지방의 토판 천일염을 올렸다. 소금의 맛과 초콜릿의 맛이 합쳐져 달콤짭짤한 맛이 난다. 유자 프랄리네는 전북 고창 유기농 유자를 우려낸 초콜릿으로, 입에 넣는 순간 달콤한 초콜릿과 향긋한 유자 향이 신선한 조화를 이룬다. 로쉐 초콜릿은 구운 아몬드와 피스타치오, 크랜베리에 다크, 화이트 초콜릿 등을 부어 만든 것으로, 고소한 견과류 맛이 인상적이다.

초콜릿뿐만 아니라 초콜릿으로 만든 아이스/핫 초콜릿 음료와, 초콜릿 잼도 맛볼 수 있으며 와인 향을 넣은 초콜릿이나 음료, 마시멜로 메뉴도 개발 중이다. 원료는 프랑스산 최고급 커버처에 AOC 버터, 발로나 등 고급 재료만을 사용한다.

매 시즌 신제품을 개발하고 있으며 크리스마스나 핼러윈데이 등 행사 시즌마다 시즌 한정 메뉴도 출시한다.

쇼콜라봉봉

〈뻬아프〉에서는 총 열다섯 종류의 쇼콜라봉봉을 만날 수 있다. 싱글오리진 가나슈로 만드는 〈도미니카〉, 밀크 초콜릿 가나슈로 만드는 〈밀크〉, 마다가스카르바닐라와 타히티바닐라를 사용하는 〈더블바닐라〉, 게랑드 소금이 들어간 〈천일염프랄리네〉, 〈잔뒤야프랄리네〉, 비스킷이 들어간 〈로쉐프랄리네〉, 〈무화과와인〉, 캐러맬크림이 들어간 〈패션캐러맬〉, 〈뤼벡마지판〉, 〈망고〉, 〈마다가스카르〉, 〈꿀〉, 〈유자〉, 〈산딸기〉, 그리고 〈커피〉 맛의 쇼콜라봉봉이다.

초콜릿음료

초콜릿음료(오른쪽 페이지)에는 초콜릿에 함유된 당분 외에는 별도의 설탕을 첨가하지 않아 일반적인 핫초코와는 다르게 많이 달지 않다. 여러 종류의 초콜릿을 적당히 블렌딩하여 신맛을 배제하고 견과류 맛을 냈다고 한다. 여름에는 아이스초콜릿음료도 만날 수 있다.

아몬드초콜릿 & 잔뒤야헤이즐넛

투명한 흰색 통에 담긴 아몬드초콜릿은 캐러멜로 감싼 통아몬드에 다크 초콜릿을 입힌 것으로, 고소한 아몬드와 초콜릿의 향이 입 안에 가득해진다. 흰색빛을 띠는 잔뒤야 헤이즐넛은 헤이즐넛과 초콜릿으로 만드는 이탈리아 전통 재료인 잔뒤야로 정성스럽게 코팅한 헤이즐넛 초콜릿이다. 진한 헤이즐넛의 풍미를 느낄 수 있다.

초콜릿마카롱

〈삐아프〉의 초콜릿마카롱(오른쪽 페이지)은 이름만으로는 상당히 달 것 같은 느낌이다. 하지만, 초콜릿만을 사용하여 두껍게 넣은 필링은 설탕을 거의 사용하지 않아 오히려 단맛이 적게 느껴진다. 입 안에서 부드럽게 녹아내리는 셸과 초콜릿 필링이 아주 잘 어우러진다. 초콜릿마카롱으로는 서울 최고라 하고 싶다.

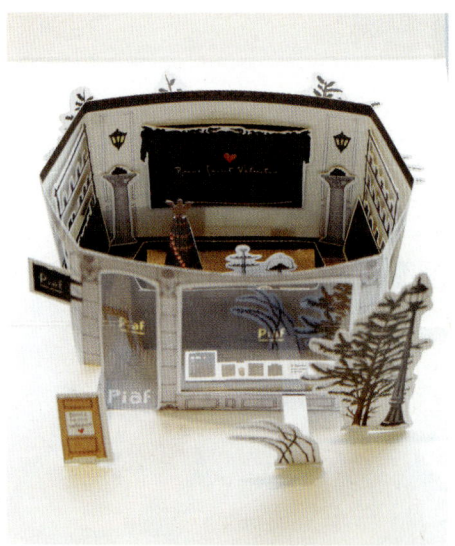

발렌타인데이에는 특별히 패키지를 판매하는데, 매년 디자인이 달라진다. 2014년 2월 밸런타인 패키지는 정교한 팝업북이 디자인된 상자에 초콜릿이 정성스레 담겨 있다. 케이스를 여는 순간 〈삐아프〉 매장이 입체로 펼쳐진다.

소나
미국 영향을 받은 프렌치 디저트

〈소나 SONA〉는 디저트 전문 파티시에가 즉석에서 만들어주는 디저트 코스를 먹을 수 있는 곳이다. 다양한 종류의 디저트를 음료와 함께 차례대로 즐길 수 있는 디저트 코스가 대표 메뉴지만, 코스에 들어가는 메인 디저트는 단품으로도 맛볼 수 있다.

성현아 파티시에는 뉴욕의 요리학교 CIA 출신으로, 라스베가스 MGM 호텔 내 레스토랑과 〈조엘 로뷔숑〉, 뉴욕의 〈아쿠아빗〉 등에서 경험을 쌓았는데 정통 프렌치 레스토랑인 〈조엘 로뷔숑〉에서의 경험이 프렌치 디저트에 대해 눈을 뜨게 되는 계기가 되었다고 한다. 성현아 파티시에가 선보이는 디저트는 정통 프렌치라기보다는 미국식이 혼합된 퓨전 스타일이다. 디저트를 카트에 올리는 발상은 〈조엘 로뷔숑〉에서의 경험에서 따왔고, 프티 푸르 카트의 미니 컵케이크는 미국 영향을 받았다.

3코스 디저트는 간단한 애피타이저 디저트(스타터)와 메인 디저트, 세 개의 프티푸르, 그리고 음료로 구성된다. 스타터로는 새콤하고 가벼운 느낌의 프티 디저트가 준비되는데, 자몽 슬라이스와 레몬 젤리, 요거트 폼, 얼린 블루베리 등으로 만들어진다. 스타터는 정기적으로 바뀌는 편이다. 메인 디저트는 바슈랭, 크렘브륄레, 오초콜릿, 프로즌고트치즈 중에서 한 가지를 선택하면 되는데, 바슈랭과 오초콜릿이 인기가 가장 많다.

10여 가지의 작은 크기의 프티푸르를 골라 먹을 수 있는 프티푸르카트도 인기 메뉴. 프티푸르카트를 주문하면,

전화 02-515-3246
주소 서울특별시 강남구 신사동 520-1
영업시간 12:00~23:00
휴무 매주 월요일 휴무
홈페이지 http://blog.naver.com/coolbin99
주차 발레 파킹 오픈년도 2013년
메뉴 3코스디저트(2만1천원), 쁘띠푸카트, 바슈랭, 크렘블레, 오초콜렛, 프로즌고트치즈 (각 1만2천원)

소나

직원이 카트를 끌고 와서 자세히 설명해주기 때문에, 원하는 디저트를 쉽게 선택할 수 있다.

주로 사용하는 버터는 뉴질랜드산 앵커 버터이며, 생크림은 서울우유 생크림이나 덴마크유업 생크림을 사용한다. 초콜릿은 발로나 초콜릿, 카카오베리 초콜릿을 각 디저트에 맞게 섞어서 쓰는 편이다. 특히 진한 초콜릿 맛이 생명인 오초콜릿에는 고급 발로나 초콜릿이 사용된다. 퓌레는 프랑스산을 사용한다.

매장 내부의 인테리어는 전체적으로 화이트 톤으로 되어 있어, 화사한 느낌이 든다. 창도 널찍하게 나 있어, 따스한 자연광이 카페 내부로 은은하게 퍼진다.

프티푸르카트

프티푸르카트는 마카롱과 피낭시에(애플 피낭시에, 피스타치오 피낭시에), 오트밀레이즌쿠키, 치즈케이크, 생초콜릿, 레몬머시멜로우, 레드벨벳미니컵케이크 등으로 다양하게 구성되어 있다. 얼그레이마카롱과 컵케이크, 치즈케이크 등이 꾸준히 인기 있는 디저트며, 구성이 조금씩 바뀌기도 한다.

바슈랭

바슈랭은 흰색 머랭과 라즈베리 소르베, 바닐라 아이스크림이 조화를 이루는 디저트로, 새하얀 눈을 연상케 한다. 기존에 있는 프렌치 디저트 바슈랭을 독창적인 디자인으로 재구성했다. 산딸기 크림과 라즈베리 소르베가 새콤한 맛을 더한다. 기다란 요거트 머랭 스틱 장식도 인상적이다.

오초콜릿

오초콜릿은 초콜릿이 주를 이루는 디저트이다. 작은 유리그릇에 발로나 초콜릿 케이크와 밀크 초콜릿 무스, 낮은 온도에서 구운 홍차 샤블레, 발로나 초콜릿의 크런치볼, 바닐라 아이스크림이 들어 있다. 유리 그릇 위에 얹어져 나오는 얇은 초콜릿 뚜껑에 따뜻하게 데워진 진한 초콜릿을 부으면 초콜릿 뚜껑이 녹으면서 초콜릿이 아이스크림 위에 뿌려진다. 아이스크림과 무스, 초콜릿, 케이크 등을 한 번에 즐길 수 있는 독특한 메뉴로, 시각적인 즐거움까지 선사한다.

쉐즈 롤

귀엽고 앙증맞은 일본식 롤케이크

〈쉐즈 롤 CHEZ-ROLL〉은 일본식 롤 케이크를 전문으로 하는 곳으로, 알록달록하고 아기자기한 소품들로 꾸며져 있다. 〈쉐즈 롤〉의 쉐는 프랑스어로, '~의 집'이라는 의미. 귀여운 어감을 살리려고 〈쉐즈 롤〉이라고 붙였다고 한다. 직역하면 롤의 집.

상호만큼이나 외관과 롤케이크, 그리고 패키지도 귀엽고 앙증맞다. 안에 생크림이 듬뿍 들어간 동글동글한 롤 케이크는 전형적인 일본식 롤 케이크다. 플레인, 계절 메뉴, 녹차, 초코, 티라미수까지 총 다섯 가지 종류가 있다. 사이즈는 피스, 하프, 홀 케이크 세 가지로 판매하고 있으며 당일 생산하고 당일 판매하는 것을 원칙으로 한다.

부드러운 시트와 생크림의 조화가 좋으며, 달지 않으면서 질리지 않는 맛이다. 특히 롤 속에 들어 있는 생크림의 부드러움은 감탄을 자아낸다. 생크림은 서울우유의 것을 사용하는데, 설탕을 많이 사용하지 않아 달지 않고 고소하면서 부드럽다. 늦은 시간에 방문하면 한두 종류 빼고는 모두 팔리고 없는 경우가 대부분이다.

화이트와 그린의 조화로 깔끔하면서 아기자기한 외관에 내부는 2인용 테이블 다섯 개 정도가 있는 작은 공간이다. 매장 뒤편으로 빵을 굽는 공장이 있어, 테이블을 잘 잡으면 이른 시간에 직접 롤을 만드는 것을 구경할 수도 있다.

전화 070-8152-0401
주소 서울특별시 마포구 서교동 342-19
영업시간 11:00~22:00
휴무 매주 월요일 휴무
홈페이지 http://cafe.naver.com/chezroll
주차 가능 **오픈년도** 2013년
메뉴 롤케이크(3천8백원~4천원), 음료(3천5백원~5천원), 빙수(6천원~7천원)

쉐즈롤

가장 인기 있는 메뉴는 쉐즈롤(오른쪽 페이지)으로, 아무것도 첨가되지 않은 기본적인 플레인 롤이다. 〈쉐즈롤〉에서 가장 이상적으로 여기는 빵과 크림의 비율인 1:1로 만들어져 하얗고 선명한 무늬를 볼 수 있다.

녹차롤

녹차롤 시트에는 보성녹차를 사용하고, 크림 사이사이에 팥앙금을 넣어 특유의 식감과 맛을 살렸다.

티라미수롤

비교적 최근에 추가된 메뉴로, 크림 안에 초콜릿 크런치가 들어 있다. 직접 내린 커피로 시럽을 만들고 비정제 설탕을 사용한다. 녹차롤과 티라미수롤은 구워진 겉면이 상대적으로 두꺼워서 다른 롤과 달리 시트를 거꾸로 말아 부드러운 식감을 살린 것이 특징이다. 나온 지 얼마 안 되는 메뉴지만 오전부터 티라미수롤이 나오기를 기다리는 사람도 있을 정도다.

쉐즈 롤

스위츠 에삐

일본 오사카풍의 롤 케이크

〈스위츠 에삐SWEETS EPI〉는 일본식 디저트와 롤 케이크가 맛있기로 알음알음 이름을 알린 곳이다.

약 8년간 일본 오사카에서 경험을 쌓은 이현진 파티시에가 운영하는 〈스위츠 에삐〉는 관서지방 스타일의 디저트를 지향한다. 앙증맞고 작은 사이즈로 예쁘게 만드는 관동지방과는 달리 관서지방은 상대적으로 투박한 모습에 인심 좋게 재료를 아낌없이 담아낸다. 또한, 과일을 많이 사용하는 것도 특징 중의 하나. 이현진 파티시에는 관서지방 스타일을 한국식으로 재해석하여 메뉴를 개발하였다.

모든 디저트는 국내산 재료를 이용하며 롤 케이크는 일반적인 카스텔라나 스펀지 케이크 시트가 아닌, 오사카의 스승에게 전수받은 제조법으로 만든 시트를 사용하여 부드럽고 깔끔한 맛이 난다. 물론 이 시트의 제조법은 비밀. 원형의 홀 케이크는 주문 제작으로 만들어지며 손님이 원하는 모양대로 만들어 글씨까지 넣어준다.

케이크나 타르트뿐만 아니라 푸딩이나 젤리, 슈크림 등의 제품도 인기가 많으며 샤브레쇼콜라, 피낭시에, 랑크도샤 같은 쿠키 종류도 다양하다.

매장 내부는 주방과 케이크가 들어 있는 쇼케이스, 2인용 테이블 두세 개 정도가 있는 아담한 규모로, 매장에서 커피와 함께 디저트를 즐길 수 있다. 쇼케이스 안의 케이크와 푸딩들이 형형색색 아기자기한 모양을 하고 있어 시선을 사로잡는다.

전화 02-419-3276
주소 서울특별시 강남구 대치동 924-9
영업시간 10:30-22:30 휴무 연중무휴
주차 불가 오픈년도 2008년
메뉴 쿠루쿠루세숑(4천5백원), whole 2만7천원), 쿠루쿠루쇼콜라(4천5백원), whole 2만3천5백원), 올뎅쥬봉(4천2백원), whole 2만6천원), 부뤼뿌렝 시옹(4천5백원)

쿠루쿠루쎄종

롤케이크 안에 다양한 과일이 들어간 쿠루쿠루쎄종은 〈스위츠 에뻬〉의 대표 롤케이크다. 쎄종은 프랑스 어로 계절이라는 뜻인데, 이름 그대로 계절별로 메론, 딸기, 키위, 바나나 등 다양한 제철 과일을 넣어 만드는 것이 특징이다. 겨울철에는 주로 딸기가 많이 들어간다. 비법의 제조법으로 만든 부드러운 시트와 생크림, 생과일이 상큼한 맛을 준다.

쿠루쿠루쇼콜라

쿠루쿠루쇼콜라(오른쪽 페이지)는 초코 시트에 커팅한 클래식 쇼콜라와 생크림이 들어간 롤 케이크로, 겉에는 초콜릿 글라사주로 코팅되어 있어 반짝거리는 외관이 화려하다. 초콜릿을 넣어 만든 시트 안에는 생크림이 듬뿍 들어 있고 진한 맛의 가토쇼콜라케이크가 크림 사이에 들어 있어 초콜릿을 좋아하는 사람에게 강추하고 싶은 메뉴다.

몽블랑롤케이크

몽블랑롤케이크는 두 종류의 밤 크림과 통밤, 그리고 미니 슈를 사용하여 만든다. 안에 들어가는 밤은 일일이 직접 벗겨 당침(당에 절임하는 것을 말함)한 부여산 최상품 밤이다.

스위츠 에삐 143

뿌룽뿌룽자몽

생자몽 껍질 안에 생 자몽과 자몽 푸딩이 고운 색을 띠는 뿌룽뿌룽자몽(오른쪽 페이지)은 자몽 과즙으로 만들기 때문에 씁쓸하고 상큼한 자몽의 맛과 향을 그대로 지니고 있다. 일반 푸딩과는 달리 유지방 함량이 적어 여성들에게 인기가 좋다. 뿌룽뿌룽자몽에 반한 한 단골손님이 "셰프님은 천재."라고 했다고 이현진 파티시에가 수줍게 말한다.

쿠루쿠루딸기롤

딸기가 통째로 롤 안에 들어가 있는 것이 특징인 쿠루쿠루딸기롤은 케이크 위에도 딸기가 듬뿍 얹어져 있어 딸기를 실컷 즐길 수 있다. 부드러운 시트와 딸기, 생크림은 환상적인 조합 중의 하나다.

스위츠 플래닛

생크림 케이크와 롤케이크가 맛있는 곳

〈스위츠 플래닛SWEETS PLANET〉은 동경제과제빵학교 출신의 전진욱 파티시에가 만드는 케이크를 맛볼 수 있는 곳이다.

도쿄에서 디저트를 배운 전진욱 파티시에는 서울에서는 〈에구치〉라는, 일본인이 파티시에로 있던 디저트 전문점에서 일하면서 경력을 쌓았다. 〈에구치〉는 십여 년 전 일본식 케이크를 서울에 소개하여 큰 인기를 끌었던 곳이다.

〈스위츠 플래닛〉의 케이크는 전체적으로 부드럽고 깔끔한 맛으로, 얼그레이롤케이크, 딸기생크림케이크가 특히 유명하다. 특히 얼그레이롤케이크는 형태나 맛에서 파티시에의 독창적인 아이디어가 잘 반영되어 있다. 도쿄 출신 파티시에의 디저트가 그렇듯이, 전반적으로 선이 섬세하고 맛은 가벼우면서도 부드럽다.

케이크 외에 마카롱과 슈크림도 인기 메뉴. 저녁 시간대가 되면 다 팔리는 품목이 많아지므로 원하는 메뉴를 먹으려면 약간 서둘러야 한다.

베이킹 수업도 자주 열리는데, 베이커리 안쪽에는 베이킹 수업을 들을 수 있는 공간이 따로 마련되어 있다. 네이버 카페 양과자점을 통해 수업 일정이 공지된다.

블랙의 심플한 간판과는 달리 내부는 밝은 색 우드와 화이트 톤의 조화에 조명으로 포인트를 주어 편안하고 부드러운 인상을 준다. 소파에는 다양한 패턴이 프린팅 된 하얀 쿠션이 놓여 있어 안락한 분위기를 준다.

전화 02-541-0402
주소 서울특별시 강남구 논현동 118-1
영업시간 10:00~21:00 **휴무** 명절 휴무
주차 불가 **오픈년도** 2010년
메뉴 홀케이크(2만5천원), 조각케이크(5천원), 슈크림(5천원), 커피류(3천원~4천5백원대), 차류(8천원)

얼그레이롤케이크

얼그레이롤케이크의 경우 생크림에 얼그레이를 우려내 하루 숙성시켜 사용하며, 케이크 반죽에는 홍차 가루를 넣어 홍차의 맛을 진하게 살리는 데 중점을 두었다. 시트 겉면에는 머랭을 붙여서 말았는데, 대나무 발을 이미지화했다고 한다. 딜마의 얼그레이를 사용하며 표면의 머랭은 아몬드 분말과 초콜릿을 혼합하여 코팅해 바삭바삭한 식감을 느낄 수 있다. 파티시에의 독창적인 아이디어가 돋보이는 롤케이크다.

초코롤케이크

초코롤케이크는 〈에구치〉의 레시피를 사용하는데, 시트에 밀가루가 전혀 들어가지 않는 것이 특징이다. 표면엔 결을 살려 장식한 가나슈를 코팅했다. 부슈드노엘과 닮은 모양을 하고 있어 크리스마스가 가까워지면 초코롤케이크 홈베이킹 수업을 하기도 한다. 초콜릿은 스위스의 펠클린 초콜릿을 사용한다. 생크림과 초콜릿 맛의 조화가 좋다.

딸기생크림케이크

딸기생크림케이크는 딸기 철인 11월부터 이듬해 4월까지만 판매한다. 케이크 층 사이사이로 하얀 생크림과 함께 박혀 있는 딸기는 양이 많고 두툼하며, 시럽에 절이거나 따로 가공하지 않는다. 생크림은 설탕을 적게 넣어 단맛이 적으면서도 고소하다. 고소한 생크림과 푸짐하게 들어간 상큼한 딸기의 맛이 적절히 조화를 이룬다. 다른 곳과 달리 스펀지 시트는 수플레 방식을 따라 만들기 때문에 촉촉하고 부드럽다.

스위츠 플래닛

스퀘어 이미

다양한 맛과 재료의 파운드케이크

〈스퀘어 이미square imi〉는 같은 동교동에 있는 〈카페 이미〉의 2호점이다. 상호는 일본어로 '의미'라는 뜻을 지니고 있다. 〈카페 이미〉의 주인장의 동생 이승림 파티시에가 오픈한 공간으로, 일본식 파운드케이크를 전문으로 한다.

〈카페 이미〉와는 달리 앉아서 먹을 수 있는 카페 공간이 없어 테이크 아웃으로만 판매한다. 〈카페 이미〉가 멀지 않기 때문에, 자리에 여유가 있다면 〈카페 이미〉에서 파운드케이크를 맛보는 것도 방법이다. 〈카페 이미〉에서도 〈스퀘어 이미〉의 파운드케이크 중 한 가지를 골라 '이 주의 파운드케이크'라고 하여 조각으로 판매하지만, 다양한 메뉴를 맛보고 싶다면 〈스퀘어 이미〉를 찾는 것이 좋겠다.

한적한 골목길에 있는 〈스퀘어 이미〉는 흰색에 회색과 파스텔 민트 컬러로 포인트를 주어 통일한 간판과 인테리어가 깔끔하고 깨끗한 분위기를 준다. 외관은 물론이고 내부까지 새하얀 매장이 인상적이다.

버터, 밀가루, 계란, 설탕이 각각 1파운드씩 들어가서 이름이 파운드케이크가 되었다는 데서 착안하여 상호도 네 개의 재료가 정사각형의 변을 이룬다는 의미로 스퀘어라고 붙여졌다. 가게 내부로 들어서자마자 이 네 가지 재료가 그려진 타일이 걸려 있는 것을 볼 수 있는데, 가게 외관 역시 사각형이 말려들어 가는 듯한 형태로 만들어졌다. 가게 내부로 들어서면 카운터 뒤로 난 큼직한 유리창을 통해 작업실에서 만들어지는 과정을 직접 볼 수도 있다.

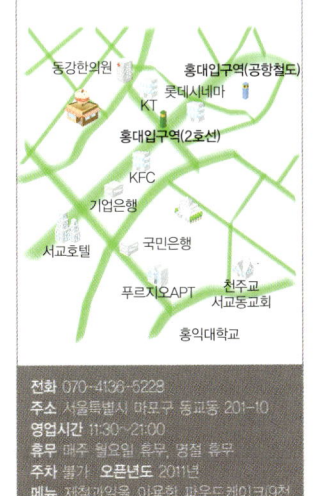

전화 070-4136-5228
주소 서울특별시 마포구 동교동 201-10
영업시간 11:30~21:00
휴무 매주 월요일 휴무, 명절 휴무
주차 불가　**오픈년도** 2011년
메뉴 제철과일을 이용한 파운드케이크(9천 원~1만원대)

이승림 파티시에가 파운드케이크라는 아이템을 선택한 것은 구운 과자 종류를 도전해보고 싶었기 때문이라고 한다. 〈스퀘어 이미〉의 파운드케이크는 다른 파운드케이크와 달리 폭이 좁고 긴 것이 특징인데, 〈스퀘어 이미〉만의 고유한 파운드케이크를 만들고 싶어서 선택한 형태다.

파운드케이크의 종류도 유례가 없이 많은 편이다. 특별히 고정된 메뉴는 없고, 제철 과일과 채소를 사용하여 그때그때 메뉴가 조금씩 다르다. 소비자의 눈을 끌면서도 파운드케이크가 가진 기존의 뻑뻑한 이미지를 전환하려 했다는 것이 설명. 이를 위해 틀을 새로 제작하는 것에서부터 굽는 시간과 온도에도 많은 변화를 주었다. 무색소, 무방부제, 무인공가향으로 케이크를 만들며, 제철 과일 등의 재료를 아낌없이 사용한다.

메뉴가 다양한 만큼 재료에 따라 파운드케이크의 촉촉한 정도도 다르다. 재료에 따라 버터와 밀가루, 계란, 설탕의 비율을 미묘하게 다르게 배합하기 때문이다. 이곳의 파운드케이크는 굽는 과정에서 윗면이 잘 터지지 않아 단정한 과자 같은 느낌이 드는데, 이는 일반적인 파운드케이크보다 굽는 시간이 짧고 온도가 낮으며 반죽이 되직한 편이기 때문이라고 한다.

버터는 비락 버터를 사용하며 입에 넣을 때의 느낌은 일반적인 파운드케이크보다 기름지지 않고 보송보송한 편이다.

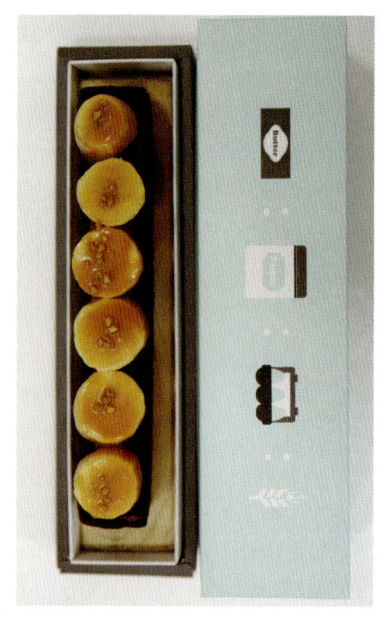

오렌지파운드케이크

오렌지파운드케이크는 생오렌지를 갈아 설탕에 절인 것을 반죽에 섞어 구워냈다. 설탕에 절인 오렌지 자체가 수분이 많고 촉촉하므로 계란의 양을 줄였다. 케이크 위에 장식으로 올라가 있는 감귤은 일일이 껍질을 제거하여 쿠앵트로에 절여 밀감류의 풍미를 살렸다.

초코바나나파운드케이크

초코바나나파운드케이크는 반죽에 매장에서 직접 만든 바나나 페이스트와 필링을 넣었고, 케이크 위에 장식된 바나나 위는 생캐러멜로 코팅을 하고 피넛으로 장식했다.

무화과호두파운드케이크

클래식한 식감에 가장 가까운 무화과호두파운드케이크는 이승림 파티시에가 선호하는 메뉴로, 이스라엘, 이란산 무화과를 사용하여 케이크 위는 물론이고 케이크 안에도 호두와 함께 무화과가 촘촘히 박혀 있는 것이 특징이다. 일반적인 파운드케이크에 비해 입자가 곱고 밀도가 높다.

레몬크림파운드케이크

레몬크림파운드케이크는 레몬 크림으로 된 하얀 아이싱으로 장식되어 있다. 반죽에도 매장에서 직접 짜낸 레몬즙으로 만든 크림을 만들어 넣었고, 케이크 한가운데에는 노란 레몬 크림 필링이 들어가 있어 생생한 레몬의 맛을 느낄 수 있다.

오뗄 두스
달콤한 디저트의 호텔

프랑스 어로 '달콤한 호텔'이란 뜻의 프렌치 디저트 전문점 〈오뗄 두스HOTEL DOUCE〉는 정흥연 파티시에가 오너로 있다. 정흥연 파티시에는 동경제과학교에서 베이킹을 배우고, 일본의 리가로열호텔에서 10년 동안 제과장을 지내고 나서 2007년 한국의 서래마을에서 홈베이킹스쿨인 〈레꼴 두스〉를 운영하다가 디저트와 베이커리 전문 숍인 〈오뗄 두스〉를 런칭한다.

〈오뗄 두스〉는 정통 프랑스식에 기반을 둔 디저트를 선보인다. 정흥연 파티시에는 정통 프랑스식 프로세스에 일본에서 경험하면서 느꼈던 자신만의 철학을 그대로 녹인 디저트를 낸다. 일본인 스승의 스승이 프랑스인이었던 관계로, 일본에서 유학했지만 프랑스와 일본, 두 나라의 디저트를 제대로 자기 것으로 만들었다고 한다. 대표 메뉴인 에클레르와 카늘레는 프랑스의 대표적 디저트로, 프랑스와 일본, 한국을 이어주는 디저트라고 강조한다.

이 외에도 다양한 종류의 마카롱, 초콜릿, 케이크 등의 디저트를 맛볼 수 있다. 모든 디저트가 다른 곳보다 덜 달고 맛있어서 베이킹 하는 사람들이 찾아와 참고 모델로 삼는다고 한다. 서래마을 본점과 가로수길점에서만 판매하는 소프트아이스크림은 타히티 바닐라 빈을 넣어 맛을 낸 것으로, 인기가 좋다.

매장에는 2인용 테이블 두 개만 마련되어 있어 자리는 협소한 편이다.

서래마을 본점을 시작으로, 광화문점, 가로수길점, 인사동점 등 분점도 생겨나고 있다. 각 매장은 각기 다른 색

전화 02-595-5705
주소 서울특별시 서초구 반포동 93-5
영업시간 11:00~21:30
휴무 명절 당일 휴무
주차 불가 오픈연도 2010년
메뉴 에클레어, 라즈베리초콜릿케이크(각 4천5백원), 마카롱(2천원), 까늘래(2천5백원)

깔을 내는 것을 목표로 하며, 매장마다 선보이는 디저트가 조금씩 달라진다. 베이킹 작업을 할 수 있는 주방이 매장마다 있는 것이 장점이다. 예전에는 〈레꼴 두스〉에서 베이킹 수업을 진행했지만, 매장과 베이킹 클래스를 동시에 진행하기가 어려워, 현재는 베이킹 수업은 하지 않는다. 다만, 〈레꼴 두스〉에서 만든 디저트를 각 매장에 전달하기도 한다고.

에클레르

대표 메뉴는 정통 프랑스식 디저트인 에클레르(오른쪽 페이지)와 카늘레다. 각각 매일 100개씩만 만들어 판매하며, 남은 제품은 당일 폐기를 원칙으로 한다. 에클레르는 슈 반죽에 커스터드 크림이 샌드되는데, 에클레르 종류에 따라 커스터드 크림에 다른 재료를 혼합해 색을 낸다. 스승이었던 일본인 파티시에가 프랑스인 파티시에에게 직접 배운 커스터드 크림 레시피를 사용하기 때문에, 정홍연 파티시에는 100년을 이어온 비밀스러운 커스터드 크림이라고 자부한다.

오뗄 두스

카늘레

카늘레(오른쪽 페이지)는 정홍연 파티시에가 일본에서 제과장을 할 때부터 꾸준히 만들던 프랑스 디저트로, 매일 100개씩 구워낸다. 프랑스 보르도 지역의 향토 과자인 카늘레를 그대로 표현하려고 노력하고 있으며, 겉은 바삭하고 속은 촉촉하면서 쫄깃한 두 가지 식감이 동시에 공존한다.

라즈베리초콜릿케이크

라즈베리초콜릿케이크는 초콜릿 시트 사이에 초코 크림이 겹겹이 샌드된 형태로, 위에는 새콤한 라즈베리 시럽이 올라간다. 케이크 시트에는 밀가루가 전혀 들어가지 않는 것이 특징이다. 비용은 더 들어가지만, 밀가루 대신에 더 고소한 맛을 내는 아몬드 파우더와 다른 파우더 종류를 섞어 사용하는 것이 맛의 비결이다. 초콜릿과 잘 어울리는 라즈베리 시럽이 올라가 새콤달콤한 맛을 낸다.

올리버 스윗
대중의 입맛을 잘 아는 케이크

〈올리버 스윗Oliver Sweet〉은 서래마을에 있는 디저트 전문점으로, 케이크, 타르트, 에클레르, 마들렌 등을 주로 판매한다.

2007년에 문을 열었지만, 그동안은 서울 시내의 카페와 레스토랑, 기업의 행사 등에 납품을 담당했고, 얼마 전부터 로드숍을 열어 일반 판매도 시작하면서 입소문을 타고 대중에게 알려지기 시작했다.

〈올리버 스윗〉은 오리지널 레시피를 충실하게 따르는 것이 원칙이다. LA, 파리 등 세계 각국 레시피 본래의 맛을 최대한 살리면서 우리 입맛에 맞게 연구하여 제품을 개발한다. 단, 너무 한 국적으로 변형시켜 그 본래의 맛을 잃어버리면 안 된다는 입장이다. 지나치게 단 것은 좋아하지 않는 우리 입맛에 맞게 오리지널 레시피에서 설탕을 많이 배제하는 것이 특징 중의 하나. 많은 디저트 전문점들이 단맛에 지나치게 집중하는 나머지 재료 본연의 맛을 죽이는 경우가 있는데 〈올리버 스윗〉은 재료 본연의 풍미가 살아 뒷맛이 깔끔하다.

대표 메뉴는 레드벨벳케이크와 얼그레이자몽케이크. 레드벨벳케이크는 미국식 오리지널 레시피에 일본풍을 가미하고 단맛을 줄여서 케이크가 부드러우면서도 가볍다. 얼그레이자몽케이크는 강한 홍차 향이 나는 제대로 된 홍차 케이크다.

디저트에 들어가는 재료는 벨기에와 프랑스산 프리미엄 초콜릿과 제철 과일 및 100% 우유, 버터, 생크림, 방

전화 02-521-5694
주소 서울 서초구 반포동 612-140
영업시간 11:00~19:00 **휴무** 00000
홈페이지 http://www.oliversweet.com
주차 가능 **오픈년도** 2007년
메뉴 개롯케이크(3만3천원), 얼그레이 자몽케이크(3만8천원), 레드벨벳 컵케이크, 레몬 컵케이크(각 5천2백원), 초콜릿 타르트(6천원)

목 유정란 등 최고급 제품을 사용한다.

서래마을 점은 〈올리버 스윗〉의 첫 번째 로드숍으로, 규모는 크지 않지만 아기자기한 인테리어와 진열대에 놓인 디저트가 눈길을 사로잡는다.

현대백화점 압구정점과 무역점, 그리고 서래마을 경복궁 점에 매장이 있다.

얼그레이자몽케이크

얼그레이자몽케이크는 얼그레이를 우려서 만든 제누아즈 케이크 시트에 커스터드 크림을 얹고, 생크림으로 아이싱한 케이크다.

전혀 안 어울릴 것 같은 얼그레이와 자몽이 적절한 조화를 이룬다. 많이 달지 않아서 먹을 때 질리지 않고 자몽 향도 강하지 않다. 입 안에 넣는 순간 부드러운 얼그레이 크림에 자몽 잼이 상큼하게 톡톡 쏘는 맛을 낸다.

레드벨벳케이크

레드벨벳케이크(오른쪽 페이지)는 촉촉하고 폭신폭신하며 적절하게 발린 크림치즈와 두툼하면서도 부드러운 벨벳 시트의 조합이 일품이다. 특히 시트는 묵직한 느낌이 지나치지 않으면서 촉촉하다. 가벼운 느낌의 하얀 치즈크림도 너무 달지 않으면서 밸런스가 잘 맞는다.

타르트

타르트는 필링의 쫀득함과 크러스트의 바삭함을 동시에 살린 것이 특징. 필링의 쫀득한 맛을 인공적으로 넣기 위해 녹말을 이용하는 곳도 있는데, 올리버스윗의 타르트는 재료 자체에서 나오는 질감으로 맛을 냈다.

사진 위 왼쪽부터 딸기타르트, 자몽타르트, 청포도타르트. 오른쪽은 초코월넛타르트.

올리버 스윗

젤라띠 젤라띠
천연재료가 듬뿍 들어간 젤라토

홍대 앞에서 큰 인기를 끌고 있는 이탈리아식 아이스크림인 젤라토 전문점 〈젤라띠 젤라띠Gelati Gelati〉. 한국인으로는 처음으로 밀라노 요리학교에서 젤라토를 공부한 윤상준 젤라티에가 약 열여섯 가지의 젤라토를 직접 만들고 있다.

모든 젤라토는 천연 재료를 사용하여 매장에서 만드는데, 맛의 비결은 매장에서 만들어 바로 소비하는 과정에서의 철저한 온도 관리를 들 수 있다. 영하 18~20도에서 유통하는 미국식 아이스크림과는 달리, 이탈리아식 아이스크림 젤라토는 영하 12도에서 14도 사이에서 만들어 보관하기 때문에 훨씬 신선하고 부드러우며, 입에 넣는 즉시 녹아내려 가볍고 상큼한 맛을 느낄 수 있다.

셔벗류의 경우 유지가 들어가지 않아 끝 맛이 더욱 깔끔하며, 특히 청포도나 감귤 셔벗은 과일의 상큼함과 달콤함이 그대로 살아 있다.

매장 앞에는 인조잔디를 깔고, 전면은 통유리로 되어 내부가 그대로 들여다보인다. 칸막이로 홀과 주방이 분리되어 있지만, 상단은 유리로 되어 있어 안을 볼 수 있다. 카운터에는 젤라토가 들어 있는 스테인리스 통이 뚜껑으로 덮여 깔끔하게 관리되고 있다.

주문할 때는 콘과 컵 중 한 가지를 선택할 수 있고, 각각 두 가지 젤라토를 고를 수 있다. 젤라토가 진열된 냉장고 옆에는 초콜릿이 흐르는 관이 있어, 콘을 선택하면 콘 안쪽에 초콜릿도 넣어 코팅하고 나서 젤라토를 올려준다. 한쪽 벽면에는 젤라토를 만들 때 쓰는 주요 재료들

전화 02-3144-3281
주소 서울특별시 마포구 서교동 407-8
영업시간 12:00~23:00 | 토요일 12:00~01:00(익일) 휴무 면중무휴
주차 불가 오픈년도 2012년
메뉴 콘, 컵(각 4천원), 벅스(500g 1만7천원, 900g 2만7천원), 케이크(3천5백원~4천5백원)

과 원산지를 표기해 놓았다. 단일목장의 유기농 우유와 최상급 논산 딸기, 방사 유정란, 무항생제 유기농 토종꿀, 베네수엘라산 초콜릿을 사용한다. 콘은 고소한 맛이 일품으로, 처음에는 이탈리아에서 직수입하여 사용했지만, 지금은 한국에서 같은 원료와 배합으로 만들어 납품받고 있다.

셔벗

셔벗은 유지가 들어가지 않아 비건도 부담 없이 접할 수 있다. 처음부터 비건을 위한 메뉴를 만든 것은 아니고, 손님들의 추천에 의해 비건 표시를 넣었다고 한다. 메뉴에 비건이라는 표시가 붙어 있으므로 살펴보고 고르면 된다. 재료 본연의 맛을 살린 상큼하고 깨끗한 맛이 특징이다. 오른쪽 페이지는 감귤셔벗과 딸기셔벗인데, 제주도 감귤을 넣어 만든 감귤셔벗은 남녀노소 가리지 않고 인기가 좋다. 논산 딸기로 만드는 딸기셔벗도 생딸기의 생생한 맛을 느낄 수 있다.

젤라토

인기 있는 메뉴는 이천쌀, 피스타치오. 로열밀크티, 티라미수다, 어떤 맛을 선택하든 재료의 맛이 생생하게 살아있는 것이 젤라띠젤라띠의 장점이다. 위의 사진은 이천쌀과 피스타치오. 이천쌀은 크리미한 젤라토 안에 부드러운 쌀 알갱이가 씹혀 다양한 식감을 느낄 수 있고, 피스타치오 역시 우리나라에서는 드물게 피스타치오 페이스트를 사용하여 견과류 특유의 고소함을 그대로 느낄 수 있다. 오른쪽 페이지는 티라미수와 로열밀크티인데, 티라미수는 마스카르포네 치즈와 사보이 아르디 파이, 매장에서 직접 만든 쿠키 크럼블을 넣어 실제로 티라미수 케이크를 먹는 듯한 기분이 든다. 로열밀크티는 스리랑카의 얼그레이로 매장에서 직접 만든 로열밀크티를 넣어 진한 로열밀크티를 생생하게 맛볼 수 있다.

줄리에뜨
제대로 만드는 프렌치 타르트

타르트가 맛있기로 유명한 〈줄리에뜨Juliette〉는 파리의 르 꼬르동 블루에서 공부한 줄리에뜨 최 파티시에가 자신의 이름을 걸고 운영하는 곳이다. 성악가인 남편을 따라 프랑스에 가게 된 줄리에뜨 파티시에는 프랑스와 캐나다에서 생활하다가 4년 전에 한국에 돌아와서 타르트 가게를 열게 되었다.

프랑스나 뉴질랜드산 버터, 미국산 밀가루, 쿠바산 설탕, 가톨릭농민회의 유기농 유정란, 강성원우유 등 대부분의 식재료를 유기농으로 사용한다. 좋은 재료를 사용하고 맛에 자부심이 있는 만큼 가격대도 높지만, 그만큼의 가치가 있다. 냉동시키거나 끓여서 만든 것이 아닌 생과일을 그대로 올린 것도 〈줄리에뜨〉 타르트의 특징이다.

정통 프랑스식 타르트답게 타르트지는 얇고 바삭하며 위에 올려지는 필링은 두꺼워 농후한 맛을 낸다. 투박하면서도 거칠게 만든 다른 곳의 타르트와는 비교가 안 되게 세련된 모습과 맛이다.

작은 사이즈의 타르트뿐만 아니라 큰 사이즈의 타르트도 맛볼 수 있다. 원형 홀 케이크는 사과나 오렌지, 블루베리, 라즈베리 등 제철 과일을 이용해서 만드는데, 고객이 원하는 대로 주문 제작도 한다. 하루에 예약 주문을 포함해 한정된 수량만 만들기 때문에 늦게 가면 조기 품절 될 가능성이 크므로 정말 먹어보고 싶은 타르트나 파이가 있다면 예약은 필수.

서래마을에서 약간은 외진 주택가에 있는 〈줄리에뜨〉 매장은 작지만 고급스러우면서도 안락하게 꾸며져 있어

전화 02-535-4002
주소 서울특별시 서초구 반포동 82-22
영업시간 09:00~21:00
휴무 매주 일요일 휴무
주차 불가 **오픈년도** 2011년
메뉴 과일타르트(8~9천원), 다쿠아즈롤(9천원), 케이크(4만원)

프랑스 가정집을 떠올리게 한다. 매장 내에서 직접 먹을 수 있는 공간은 테이블 두 개밖에 없어서 예약 후 찾아가거나 포장하는 손님들이 대부분이다. 매장에서는 디저트와 함께 커피도 즐길 수 있으며, 커피는 나폴리에서 직수입한 로스팅 원두를 이용한다.

과일타르트

과일이 듬뿍 올려져 있는 과일 타르트(오른쪽 페이지)는 타르트 중 가장 인기 메뉴로, 다른 타르트보다 가격대가 조금 더 높지만 그만큼 싱싱한 과일이 통째로 푸짐하게 올려져 있다. 너무 달지도 않고 자극적이지도 않아 좋은 재료를 써야 하는 이유를 느낄 수 있다. 느끼하지 않고 상큼해서 어른들에게도 인기가 많다.

청포도, 살구, 딸기, 블루베리, 자몽 등 싱싱한 과일이 씹히는 식감이 훌륭하며, 상큼한 과일의 맛은 타르트 속의 부드럽고 고소한 크림과 훌륭한 조화를 이룬다. 싱싱한 과일이 아니면 낼 수 없는 선명한 색은 보는 이로 하여금 입맛을 저절로 다시게 한다.

줄리에뜨

초코케이크

프랑스식 타르트를 전문으로 하는 곳이지만, 초코케이크를 비롯하여 다양한 케이크도 주문할 수 있다. 원하는 날짜 하루 전에 미리 예약해야 한다. 딸기케이크, 초코케이크, 레몬케이크 등이 가장 인기 있는 메뉴며, 다른 케이크 종류나 디자인 등은 매장에서 직접 확인하는 것이 좋다.

초코타르트

초코타르트(오른쪽 페이지)는 도톰한 초콜릿 타르트지에 진한 초콜릿 크림이 필링되어 있으며, 그 위에 초콜릿 비스킷이 층층이 올라간다. 바삭한 타르트지와 진득한 초콜릿이 조화를 잘 이룬다. 초콜릿만 넣은 것이 아니라, 초콜릿 비스킷과 초콜릿 크림, 초콜릿 시럽 등이 함께 들어가 있어, 더욱 진한 초콜릿의 맛을 느낄 수 있다.

줄리에뜨

카롱카롱

와사비 마카롱을 만날 수 있는 곳

〈카롱카롱 CARON CARON〉은 이태원 경리단길의 주택가 골목 사이에 자리 잡은 마카롱 전문점이다. 대중교통을 이용해 찾아가기 어려운 곳이지만, 마카롱을 좋아하는 사람들이 즐겨 찾는 곳이다.

직접 레시피를 개발해 다양한 종류의 마카롱을 선보이는 김나연 파티시에는 정규 과정을 거치지는 않았지만, 맛있게 먹었던 맛을 자신의 마카롱에 그대로 재현하고자 꾸준히 노력한다. 주로 디저트에 관심이 많은 지인과 주변 사람들이 제안하는 아이디어에 영감을 받아 레시피를 만드는 편이다. 대표 메뉴인 와사비마카롱은 이러한 과정을 통해 탄생한 결과물.

〈카롱카롱〉의 마카롱은 전체적으로 쫀쫀하면서도 쫀득한 필링을 자랑하며, 필링이 꽉 차 있다. 마카롱 스타일은 이탈리안 마카롱으로, 뜨겁게 끓인 시럽을 넣어 만든 머랭을 사용하여 셸을 만드는 것이 특징이다. 차가운 머랭을 사용하는 프렌치 머랭과는 달리, 쫄깃한 식감이 잘 살아 있다.

마카롱에 들어가는 버터는 서울우유를 사용한다. 서울우유의 버터는 풍미가 깊지 않고, 색도 하얀 편이라서 다른 재료와 고루 조화를 이룬다고 한다. 마카롱에 들어가는 아몬드 파우더 대신, 구운 아몬드를 체에 갈아서 직접 가루로 만들어 사용한다. 카롱카롱의 마카롱은 색이 선명한 편인데, 마카롱은 눈으로 먼저 먹는 디저트라는 생각 때문에 젤 타입의 식용 색소로 색을 강조하는 편이

전화 070-8223-0808
주소 서울특별시 용산구 이태원2동 258-167
영업시간 11:30~22:00
휴무 매주 월요일 휴무
주차 가능 오픈년도 2013년
메뉴 마카롱(개당 2천원)

다. 마카롱 필링에 들어가는 초콜릿은 벨기에, 프랑스, 스위스산 초콜릿을 고루 사용한다.

분홍색 건물의 매장은 〈카롱카롱〉의 달콤한 마카롱을 그대로 연상시킨다. 내부는 아담한 크기이며, 마카롱을 만드는 주방이 오픈되어 있어 쿠킹 과정을 모두 지켜볼 수 있다. 창밖을 바라볼 수 있는 바 형태의 자리만 마련되어 있는 것도 특징.

직접 마카롱을 만들어 보는 마카롱 클래스도 진행하고 있다. 소수 정예 인원(4명)으로 진행되며, 마카롱에 대한 간단한 이론을 배우면서 직접 다양한 종류의 마카롱을 만들어 볼 수 있다. 클래스는 토요일반, 일요일반, 월요일반으로 나뉘며, 일주일에 한 번, 약 3~4시간 정도 클래스가 진행된다. 전화로, 또는 매장에서 직접 신청하면 된다.

마카롱

기본적인 마카롱인 바닐라, 커피, 초콜릿 이외에도 달달한 쿠키앤크림, 와사비, 얼그레이, 로즈 맛이 나는 다양한 마카롱이 있다. 보통 필링 부분에서 마카롱의 맛이 결정되는데, 피스타치오, 얼그레이, 쿠키앤크림, 초콜릿 마카롱은 필링뿐 아니라 셸에서도 재료의 맛을 느낄 수 있다. 가장 잘 나가는 메뉴는 와사비마카롱으로, 은은하게 풍기는 와사비 향이 마카롱과 잘 어우러진다는 평이다. 코를 자극하지 않으면서도 아삭하고 톡 쏘는 와사비를 구하느라 힘들었다고 한다. 고급 일본 요리에 사용되는 생 와사비를 갈아서 사용하는 것이 특징이다. 얼그레이마카롱에는 에디아르의 얼그레이를 우려 맛을 낸다. 향이 은은하고 입 안에 오래 남는다. 로즈마카롱은 김나연 파티시에가 가장 애착을 갖는 제품이다. 워낙 로즈마카롱을 좋아하다 보니, 최상의 맛을 찾으려고 발품을 많이 팔았다고. 미국산 로즈 에센스를 사용한다.

카카오 봄

홍대앞을 지키는 벨기에 초콜릿 전문점

〈카카오 봄CACAOBOOM〉은 벨기에로 초콜릿나무라는 뜻이다. 서울에 아직 수제 초콜릿 개념이 없던 십여 년 전에 홍대 앞에서 거의 최초로 수제 초콜릿을 알린 곳이 〈카카오 봄〉이다. 매장에서 직접 만드는 신선한 초콜릿 프랄린과 가루로 만든 코코아가 아닌 초콜릿을 녹여서 만드는 초콜릿 음료로 큰 인기를 끌었다.

현재 우리가 일반적으로 먹는 형태의 초콜릿의 역사는 벨기에에서 시작되었다. 초콜릿의 천재 노이하우스가 초콜릿 셸을 만들어 그 안에 다양한 재료를 넣어 이른바 프랄린이라고 하는 것을 처음으로 만든 것이다.

고영주 쇼콜라티에가 벨기에식 초콜릿을 공부한 이유도 여기에 있다. 〈카카오 봄〉에서는 벨기에 전통 방식의 수제초콜릿 기술로 인공색소, 방부제, 첨가제를 전혀 넣지 않는 100% 카카오버터 원료만을 사용하여 초콜릿을 만든다.

카카오는 풍미가 강한 남미산을 주로 사용하며, 아프리카산도 종종 사용한다. 고영주 쇼콜라티에가 직접 가공 공장의 샘플을 테스트해보고 나서 엄선한다고 한다.

〈카카오 봄〉의 초콜릿은 지나치게 달지 않고, 단맛과 약간의 쓴맛, 그 외에 각 제품의 풍미가 다양하게 섞여 있다. 또한, 스페셜 오더로 자기가 원하는 제품을 주문 제작할 수도 있다. 수제 초콜릿이라 유통 기한이 짧지만, 일반적인 초콜릿과는 비교할 수 없는 깊은맛이 난다.

전화 02-3141-4663
주소 서울특별시 마포구 서교동 337-16
영업시간 09:00~22:00 휴무 연중무휴
주차 불가 오픈년도 2006년
메뉴 초콜릿(개당 1천5백원~3천5백원), 초콜릿음료(5천5백원~7천5백원), 커피(5천원~7천원) 카카오빙수(8천원)

시즌별로 행사도 자주 챙기는 편인데, 밸런타인데이에는 아티스트와 콜라보 한 초콜릿이 한정으로 나온다. 수능 때는 학생들을 위한 학생밥, 빼빼로데이에는 유기농 우리밀로 만든 **빼빼로** 등을 판매한다.

그 외에 초콜릿을 직접 녹여 만든 음료도 즐길 수 있는데, 카카오 함량과 들어가는 재료에 따라 다양한 풍미를 느낄 수 있다. 맛에 따라 '독창적인', '천사 같은', '흰 눈처럼' 같은 독특하고 아기자기한 이름을 가지고 있어, 소소한 즐거움을 느끼게 해 준다.

심플한 외부와 달리 안쪽은 아기자기하게 꾸며져 있다. 다양한 프랄린이 담겨 있는 쇼케이스를 비롯해 판초콜릿, 에코백, 장식품 등이 전시된 선반에는 초콜릿에 관한 책도 놓여 있어 매장에서 구매할 수도 있다.

초콜릿을 직접 만들 수 있는 과정도 겸하고 있는데, 일반인을 위한 강좌는 6인 이상이 카카오 붐에 연락을 해서 일정을 잡으면 된다. 13일로 이루어진 전문가 과정도 있다.

초콜릿음료

초콜릿 음료는 카카오 함량 50%(왼쪽)에서부터 70%(오른쪽 페이지)까지 다양하다. 일반적으로 초콜릿 음료를 시키면 이파리 형태의 고체 초콜릿을 함께 주는데, 잔에 넣어 녹여 먹으면 된다. 집에서도 쉽게 핫초콜릿을 만들어 먹을 수 있는 이파리 모양의 핫초콜릿리프는 따로 판매하기도 한다. 카카오 함량 70% 초콜릿음료는 진하고 걸쭉한 텍스처의 초콜릿이 에스프레소 잔에 담겨 나온다.

프랄린

프랄린이란 벨기에식 한입 크기 초콜릿을 일컫는 말로, 프랑스 어로 쇼콜라 봉봉이라고 한다. 프랄린은 뒤집어 씌우다, 둘러싸다 정도의 의미가 있다.

카카오 함량 38%, 54%, 64%, 72%, 85%의 가나슈가 있는데, 38%밀크가나슈는 순하고 부드러운 스위스산 밀크 초콜릿을 사용해 부담 없이 즐길 수 있는 프랄린이다. 카카오 함량 54%다크가나슈는 단맛과 쓴맛을 함께 느낄 수 있는 서아프리카산 블렌딩으로 만들어졌다. 64%다크가나슈는 상큼한 과일 풍미의 마다가스카르산 그랑크루를 사용해 깊은 풍미를 느낄 수 있다. 72%다크가나슈는 스모키한 향과 산미를 동시에 느낄 수 있는 에콰도르산 그랑크루로 만들어졌다. 85%다크가나슈는 쌉싸름함이 강조된 아프리카산 크랑크루 블렌딩을 사용하여 깊은 카카오 맛을 느낄 수 있다.

트러플프랄린

〈카카오 봄〉의 트러플은 종류도 다양해 선뜻 고르기가 어렵다. 헤이즐넛 크림과 다크 크림으로 만들어진 프랄리네트러플, 천연 바닐라와 화이트 크림으로 만들어 슬라이스 한 아몬드를 입힌 크림트러플, 생크림과 다크 크림으로 빚은 가나슈트러플, 민트티를 첨가하고 코코넛 슬라이스로 코팅한 민트코코 등이 있다. 그 밖에 논산 딸기와 화이트 크림을 사용한 딸기트러플, 코코넛 과육과 허니 시럽을 넣은 코코넛트러플, 넛맥과 다크 크림이 풍부하게 섞인 넛맥트러플도 인기가 좋다. 버터와 다크 크림을 혼합해 부드러운 풍미가 느껴지는 버터트러플과 호두에 버터 크림을 사용하여 고소하고 부드러운 맛을 느낄 수 있는 드레세누아도 인기 있는 트러플프랄린 가운데 하나다.

카카오 봄

카페 이미

디저트와 스페셜티 커피가 유명

〈카페 이미 cafe imi〉는 한적한 동교동 골목에 있는 디저트 카페다. 상호의 이미는 일본어로, '의미' 라는 뜻을 지니고 있다. 디저트 종류가 다양하지는 않지만, 커피와 함께 즐기기 좋은 카페 분위기의 디저트 전문점이다.

스페셜티 커피도 취급하고 있어 디저트는 물론 커피로도 유명하다. 동생인 파티시에가 디저트를 담당하고, 경영을 책임지는 형이 음료와 커피를 전문적으로 다룬다. 매장 한쪽에는 커다란 로스팅 기계가 있어 평일에는 매일 아침마다 직접 로스팅을 한다. 로스팅 한 커피 원두만 판매하기도 하며, 이때 판매되는 원두는 모두 로스팅 한 지 이틀 이내의 신선한 원두다. 원두를 구매하면 원두 이름을 적은 라벨을 붙인 작고 긴 병에 담아주는데, 이 모양이 아기자기하고 귀엽다.

일본식 디저트를 주로 취급하고 있기 때문에 딸기나 오렌지 등 과일의 맛을 그대로 살린 디저트가 많다.

인기 있는 메뉴는 당쥬, 판나코타, 오치풍, 그리고 크리미오렌지빙수다. 겨울 한정 메뉴로는 팥죽의 새알, 옹심 대신 슈와 우유, 생크림을 넣어 만드는 밀크팥수프가 있다. 팥은 전남 장흥의 팥을 받아 매장에서 직접 조리하며, 여름에는 팥수프 대신 밀크팥빙수를 낸다.

본래 취급하는 메뉴 외에 2호점인 〈스퀘어 이미〉에서 파운드케이크를 가져와 '이 주의 파운드케이크' 라는 이름으로 판매하는데, 파운드케이크 종류는 매주 바뀐다. 좀 더 다양한 파운드 케이크를 만나보고 싶다면 멀지 않은 곳에 있는 스퀘어 이미를 직접 찾아가 보는 것도 좋다.

전화 02-6368-5228
주소 서울특별시 마포구 동교동 201-10
영업시간 10:30~23:00 | 일요일 11:30~23:00 휴무 명절 휴무
주차 가능 오픈년도 2011년
메뉴 오치풍(5천원), 클래식쇼콜라(4천5백원), 판타코나(4천원), 딸기몽블랑(5천원)

주방과 매장 사이의 벽이 유리로 되어 있어 가까운 곳에 자리를 잡으면 안에서 디저트를 만드는 모습을 직접 볼 수도 있다. 우드 톤으로 꾸며진 카페 내부는 아담하면서 아늑하고 따뜻한 분위기다.

크리미오렌지빙수

크리미오렌지빙수는 고운 입자로 된 얼음 위에 레몬즙을 뿌린 후 오렌지를 끓여 액체화시킨 과육을 붓고 그 위에 하얀 생크림을 소복하게 얹어 오렌지 필로 포인트를 주었다. 하얀 생크림을 걷으면 선명한 오렌지색의 얼음이 나온다. 입자가 고운 얼음과 함께 산뜻한 오렌지의 맛을 가감 없이 느낄 수 있다. 레몬즙이 상큼한 맛을 더해준다. 인기가 무척 좋은 메뉴로, 계절에 관계없이 겨울에도 맛볼 수 있다.

오치퐁

오치퐁(오른쪽 페이지)은 '오렌지 속에 치즈가 퐁당'의 약자다. 오렌지 속을 파내고 과육과 크림치즈를 섞어 속을 채우고 나서 오븐에 구워냈다. 오렌지 향이 배어 있어 상큼한 맛에 꾸덕한 질감으로 여성들의 인기를 한 몸에 받고 있다. 오렌지 껍질 안쪽에 붙어 있는 과육을 긁어먹는 것도 별미. 일부러 과육을 전부 파내지 않고 일부 남겨두어 크림치즈와 함께 먹을 수 있도록 했다. 귤의 속을 파서 만든 일본의 디저트를 보고 감명을 받은 파티시에가 직접 개발한 〈카페 이미〉의 오리지널 메뉴.

카페 이미

딸기몽블랑

딸기몽블랑은 딸기가 나오는 12월에서 3, 4월까지만 판매한다. 바닥의 시트에는 아몬드를 섞고 딸기즙이 스미도록 하여 시트 자체에서도 딸기 향과 맛이 난다. 그 위에 생딸기를 얹고 생크림으로 덮고 나서 갈아 녹인 딸기를 섞은 연분홍색 생크림으로 몽블랑 형태를 만든다. 주문하면 딸기몽블랑을 반으로 갈라주는데, 색이 다른 크림층과 생딸기의 단면이 보기 좋고 먹음직스러운 모습이다. 밤 철에는 밤몽블랑, 그 외에는 호박고구마로 만든 고구마몽블랑이 나온다.

망고블루스

망고블루스는 초콜릿으로 매끄럽게 코팅한 원통형 무스 케이크인데, 초콜릿 무스 안에 망고 무스와 블루베리 무스 심이 층을 이루어 들어가 있다. 금박으로 포인트를 준 케이크가 매우 고급스러운 느낌이 든다.

펠앤콜
서울 아이스크림의 혁명

〈펠 앤 콜〉FELL+COLE〉은 강렬한 파란색 외관에 흰색 타이포그래피로만 포인트를 준 것이 인상적인 아이스크림 전문점이다. 〈펠 앤 콜〉이라는 상호는 최호준 셰프가 샌프란시스코에서 살던 거리 이름에서 따왔다. 펠 스트리트와 콜 스트리트가 교차하는 곳에서 지냈다고. 인테리어 컬러는 최호준 셰프가 좋아하는 찰스 슈와브라는 작가의 포스터에서 따 왔다. 가게 안 곳곳에서 같은 작가의 작품들을 만날 수 있다.

매장 규모는 그리 크지 않으며 야외를 포함하여 일곱 개의 테이블이 있다. 모든 아이스크림을 수제로 만들다 보니 종류는 그때그때 바뀐다. 한 번에 내놓는 종류는 총 열 가지.

〈펠 앤 콜〉은 깻잎, 발사믹딸기, 중국오향단호박 등 기존에는 생각지도 못했던 독특한 맛의 아이스크림을 내놓으면서 입소문을 탔다. 최호준 셰프는 그저 달기만 한 디저트가 아니라 음식이라는 관점에서 아이스크림에 접근하며, 고정관념을 깨기 위한 다양한 시도를 하고 있다. 아이스크림 대부분은 그의 경험으로부터 직접 영감을 얻어 만들어진 것.

최호준 셰프의 이러한 시도는 우연히 나왔다기보다는 그의 생활 일부분인 듯하다. 〈펠 앤 콜〉의 페이스북에는 매년 핼러윈데이 분장이 올라오는데, 2013년 핼러윈데이에는 스태프들과 함께 좀비 분장한 것을 올려 배꼽이 빠질 뻔한 적이 있다. 이 이야기를 최호준 셰프에게 했더니 2012년 것을 보여주는데, 셰프가 직접 흑조 분장을 하

전화 070-4411-1434
주소 서울특별시 마포구 상수동 310-11
영업시간 12:00~22:00 휴무 명절 휴무
주차 불가 오픈년도 2011년
메뉴 1스쿱(5천원)/5천2백원/5천5백원), 더블(8천8백원/1만원), 파인트(1만5천원/1만8천원)

고 발레복을 입은 모습을 보고 벌어진 입이 다물어지지 않았다.

아이스크림의 재료와 공정 과정의 차이로 같은 사이즈라도 가격이 조금씩 다르다. 아이스크림 스푼도 플라스틱이 아니라 옥수수 전분으로 만들어 천연 재료를 사용한다는 점을 강조한다.

압구정 갤러리아백화점에도 2호점이 있지만, 백화점 내 매장이고 주위가 주택가이기 때문에 홍대 본점보다는 플레이버의 로테이션이 드물고, 보수적인 편이다. 얼마 전에 오픈한 광화문 3호점의 경우, 사람들이 〈펠 앤 콜〉이라는 것을 느끼지 못할 정도로 대중적인 메뉴를 선보일 예정이라고 한다.

아이스크림

〈펠 앤 콜〉에서는 지금까지 총 185가지의 메뉴가 시도된 바 있다. 주로 화제가 되었던 메뉴는 깻잎과 딸기레드와인사천성후추, 솔티캐러멜, 막걸리, 호키포키, 아가베초코, 6시내고향, 우유꽃, 지루한바닐라 등이다. 아이스크림 이름은 최대한 아이스크림의 맛을 대표하면서 재미있게 지으려 한다.

깻잎아이스크림은 〈펠 앤 콜〉의 대표 메뉴이자 〈펠 앤 콜〉의 이름을 널리 알린 메뉴다. 팔당 유기농 깻잎을 사용하는데, 깻잎을 잘게 다진 초록색 입자들이 점점이 박혀 있고, 크리미한 식감과 함께 깻잎 특유의 향을 느낄 수 있다. 당시 외국의 바질 붐에 힘입어 바질 아이스크림을 개발하려 했으나, 바질의 단가가 지나치게 높아 깻잎으로 시도해 본 것이 큰 반향을 얻었다. 방송에 나간 뒤로 유명세를 얻게 된 베이컨아이스크림호키포키 역시 외국에서 베이컨을 사용한 음식들이 인기를 얻기 시작했던 것에 착안해서 만들어졌다. 아이스크림 안에 실제로 베이컨이 박혀있는 것을 볼 수 있다. 딸기레드와인사천성후추에 들어가는 와인은 일정하지 않고 그때그때 다르다.

시즌마다 그에 어울리는 메뉴를 내놓는데, 여름에는 신선한 민트와 모히토가 들어간 민트아이스크림, 레모네이드소르베, 자몽샴페인 등이 나오고, 겨울에는 에그녹아이스크림이, 가을에는 호박파이아이스크림이 나온다. 밸런타인에는 화이트 초콜릿에 체리 캔디를 더한 Be my Valentine이라는 특별메뉴가 나온다.

〈펠 앤 콜〉의 아이스크림은 인공색소, 인공감미료, 퓌레를 사용하지 않는다. 퓌레가 필요할 땐 매장에서 직접 만든다고. 인공안정제를 첨가하지 않기 때문에, 변질을 막고자 파인트 크기로 포장할 때는 오로지 한 가지 맛으로만 가능하다. 물론 매장에서 먹고 갈 경우에는 세 가지를 고를 수 있다.

여성들은 주로 과일이 들어가거나 붉은색을 띠는 아이스크림, 크림치즈가 들어간 메뉴를 선호하며 남성은 맛이 진하고 술이 들어간 메뉴를 선호한다고 한다. 실제로 〈펠 앤 콜〉에는 코냑과 스카치위스키로 만든 아이스크림이 있다. 예전에 단골손님의 리퀘스트로 만들었던 발렌타인 30년산으로 만든 아이스크림이 2014년 초에 한정으로 다시 나올 예정.

아이스크림을 보관할 때는 영하 22-24도에서, 매장에 내놓을 때는 영하 15도 정도로 조절한다.

플랜트

비건을 위한 디저트

〈플랜트PLANT〉는 서울에서 거의 찾아보기 어려운 비건을 위한 디저트를 만드는 곳이다. 조용한 골목길에 있는 짙은 남색 간판과 외벽 창문을 통해 직접 볼 수 있는 주방이 특징이다. 미국과 호주에서 생활하던 미파와 요나 두 명의 셰프가 함께 운영하며, 두 사람의 작업실도 겸하고 있다.

5년째 비건 생활을 하고 있는 미파와 고기 외의 다른 재료를 사용하고 싶었던 요나가 만나 비건을 콘셉트로 하는 〈플랜트〉가 탄생한 것이다. 한국에는 비건을 위한 음식점이 많지 않아 비건을 위한 음식점을 만들고 싶었던 것이 가게를 열게 된 계기라고 한다.

플랜트〉의 비건 베이킹에는 계란, 우유, 버터 등 동물성 재료를 쓰지 않는다. 계란은 아마씨와 물로, 우유는 두유로, 생크림은 비건 버터로 대체한다.

제철 과일과 채소에 맞추어 디저트를 만들기 때문에 고정 메뉴는 없지만, 레드벨벳케이크와 당근케이크, 피넛버터를 프로스팅한 초콜릿 케이크는 인기가 좋아 자주 나오는 편이다. 프로스팅 크림도 일반 생크림이 아니라 비건 버터를 사용하여, 케이크류는 모두 비건 메뉴에 속한다.

런치 메뉴는 오직 비건으로만 이루어져 매주 바뀌고, 바뀐 메뉴는 페이스북 홈페이지를 통해 공개된다. 디저트 메뉴도 고정적이지 않고, 철에 맞는 재료와 셰프의 마음에 따라 정해지기 때문에 먹고 싶은 메뉴가 있다면 찾

전화 070-4115-8388
주소 서울특별시 용산구 이태원동 63-15
영업시간 11:00~20:00
휴무 매주 월요일 휴무
주차 불가 **오픈년도** 2013년
메뉴 레드벨벳케이크(5천5백원), 당근케이크(5천5백원), 레드벨벳컵케이크(4천5백원), 초코컵케이크(4천5백원), 자색고구마파이(6천원), 비건식사메뉴(1만원대)

아가기 전에 반드시 전화로 확인을 해야 한다.

요나가 만드는 파이는 제철 과일과 채소를 사용하는데, 비건은 아니다. 비스코티, 플로렌틴 등 비건이 아닌 메뉴가 섞여 있으므로 주문 전에 메뉴 옆에 표시된 비건 체크 표시를 확인하는 것이 좋다. 전체적으로는 비건을 위주로 메뉴를 짜기 때문에 외국인들이 주로 찾는 편이다.

핼러윈데이에는 호박을 이용한 메뉴를, 크리스마스에는 붉은색을 강조한 메뉴를 꾸미는 등 시즌에 어울리는 메뉴를 내놓기도 한다. 앞으로는 디저트와 런치 메뉴 이외에도 소이차이, 그린 티라테, 진저에일처럼 제철 재료를 사용한 음료 메뉴를 더 늘릴 예정이라고 한다.

가게는 규모가 그리 크지 않아, 두 개뿐인 테이블과 각종 스크랩 및 사진으로 장식된 벽이 아담해 보인다. 테이블은 각각 4인용, 6인용으로, 많은 사람을 수용하기는 어렵다. 가게 안에서도 쇼케이스 위에 있는 유리창을 통해 주방을 직접 살펴볼 수 있어 믿음이 간다.

계산대 옆에 놓인 허리 높이의 작은 책꽂이에는 다양한 잡지와 책, 그리고 요나가 직접 쓴 책인 『요나의 키친』이 꽂혀 있다. 일본에서 유학하던 당시의 소소한 일상과 간단한 레시피를 담았다. 가게에서 직접 책을 구매할 수도 있다.

레드벨벳케이크

레드벨벳케이크(오른쪽 페이지)는 상당히 인기가 좋은 편이어서 홀케이크 외에 컵케이크로 나오기도 한다. 특히 핼러윈 시즌에는 붉은색을 강조하는 메뉴를 꾸미기 위해 레드벨벳케이크가 주로 사용된다. 버터와 생크림을 사용하지 않아도 스펀지 시트가 촉촉하고 부드러워 손님들이 자주 찾는다. 비트(사탕무)를 사용하여 선명한 빨간색을 내며, 프로스팅된 크림은 시즌에 따라 핑크색을 띠기도 한다.

당근케이크

당근케이크(오른쪽 페이지)의 경우, 케이크 위에 프로스팅한 크림은 비건 버터를 베이스로 만들기 때문에 일반적인 베이킹에서 쓰는 생크림보다는 단단하고, 상대적으로 적은 양의 크림이 사용된다. 스펀지 시트에는 잘게 다져 넣은 당근과 올리브가 박혀 있고, 굵게 조각 낸 호두와 잘게 부순 진저브래드쿠키 등을 사용해 케이크를 장식한다.

애플시나몬파이

요나가 만드는 파이 중의 하나로, 비건은 아니다. 설탕에 사과를 졸이고 나서 시나몬 향을 더해 만든 것으로, 사과 과육 아래에는 아몬드 크림이 풍부하게 깔려 있어 부드러운 맛을 함께 느낄 수 있다. 애플파이 특유의 그물망 형태의 파이지 사이사이로 먹음직스러운 사과 과육이 보인다. 사과를 아낌없이 사용하여 파이 하나 당 약 5~6개가량의 사과가 들어간다.

피오니

딸기를 좋아하는 케이크

〈피오니peony〉는 홍대 앞에서 딸기생크림케이크로 큰 인기를 끈 곳이다. 365일 생딸기만을 사용해서 만들어내는 생크림 케이크가 여성에게 특히 인기가 높다.

처음에는 홍대 앞 주차장길에서 딸기로 만든 생크림 케이크만 파는 작은 매장이었지만, 고소한 생크림에 상큼한 딸기와 부드러운 시트가 어우러지는 심플한 맛은 다시 찾고 싶은 중독성이 있었다. 이후 매장을 옆으로 확장하고 오픈 전부터 줄을 서는 인기 케이크 전문점이 되기까지 시간이 그리 오래 걸리지 않았다.

모든 메뉴에 딸기가 들어가기 때문에 딸기 철이 아닌 여름에는 전국 각지를 돌며 딸기 공급에 심혈을 기울인다. 냉동보관하지 않는 생딸기만을 사용하기 때문에 일주일에 서너 번씩 딸기를 새로 구매한다고 한다. 생크림은 서울우유를 사용하며, 버터는 앵커 버터를, 초콜릿은 발로나의 다크 초콜릿을 사용한다. 연유도 직접 만드는 수제품을 사용하고 있다.

상호인 〈피오니〉는 셰프의 큰언니가 가게 오픈 당시 직접 그려 보내준 피오니 꽃 그림이 계기가 되어 붙여졌다고 한다.

현재 1호점인 작은 매장에서 시작하였지만, 지금은 카페와 케이크 파는 곳이 분리되어 있다. 1층 매장에서는 케이크만 판매하고 있으며 바로 매장 오른쪽 입구로 들어가면 반지하로 된 카페가 있다. 케이크 공장은 케이

전화 02-333-5325
주소 서울특별시 마포구 서교동 403-15
영업시간 12:30~22:00 | 금, 토요일 12:30~23:00 휴무 첫째 주 월요일 휴무
주차 불가 오픈년도 2009년
메뉴 음료(4천원~6천원), 딸기빙수(8천원), 믹스베리타르트(조각 3천원, 하나 1만2천원), 1호 2만2천원), 치즈케이크, 다크초코치즈케이크, 초코생크림케이크(조각 4천8백원, 미니 1만6천원, 1호 2만4천원, 2호 3만5천원)

피오니 211

를 파는 건물 2층. 언제나 사람이 많아서 대기해야 하는 경우가 많다. 화이트 톤의 내부는 아기자기한 일러스트와 소품들로 꾸며져 있다. 2013년 말에는 연남점이 새로 오픈 했다.

생딸기케이크

생딸기가 올려져 있는 생딸기케이크(오른쪽 페이지)는 오늘의 피오니가 있게 한 케이크로, 그 생김새부터 군더더기 없이 깔끔하다. 부드러우면서 너무 달지 않은 생크림과 촉촉한 시트 사이사이에 아낌없이 박혀 있는 딸기 조각들이 특히 여성들의 입맛을 사로잡았다. 케이크에 사용되는 딸기는 100% 생딸기이며, 냉동 딸기, 절인 딸기는 사용하지 않는다.

초코생크림케이크

초코생크림케이크는 스펀지와 크림 사이에 바나나가 들어가 있으며, 위는 딸기로 장식했다. 케이크에 주로 올라가는 딸기는 서량 품종으로, 크기나 형태 등이 케이크에 가장 적합하기 때문이라고 한다.

믹스베리타르트

딸기와 다크체리, 라즈베리와 레드커런트, 블랙커런트가 들어가며, 시트 위에 각종 베리가 들어간 생크림 심과 일반 생크림, 딸기가 올라간다. 단호박타르트의 경우 베리 대신 단호박이 들어가게 된다.

피카

스웨덴을 즐길 수 있는 디저트

스웨덴 어로 '소중한 사람들과 함께 하는 커피 타임'이라는 뜻의 〈피카FIKA〉는 스웨덴식 디저트를 맛볼 수 있는 곳이다. 서울에서는 보기 드문 북유럽식 디저트 전문점 겸 카페로, 애호가들을 많이 거느리고 있다.

스웨덴식 디저트뿐 아니라 커피도 유명한데, 스웨덴 왕실에 납품되는 프리미엄 린드발스 커피의 원두만을 사용한다. 계란 노른자가 들어간 스웨디시에 그 커피, 앱솔루트 보드카와 에스프레소가 조화를 이루는 앱솔루트스웨디시도 이색 메뉴로 통한다. 레드벨벳, 치즈케이크 등 흔히 맛볼 수 있는 케이크와 함께 셈라 같은 스웨덴 정통 디저트도 고루 준비되어 있다. 피카에서 선보이는 케이크는 디자인과 모양이 독특하고 맛이 좋아, 인기가 많다. 디저트 외에도 스웨덴에서 주로 먹는 미트볼과 스웨덴식 팬케이크 등은 간단한 식사 메뉴로도 좋다.

진한 블루의 인테리어가 인상적이며 북유럽 특유의 자유로우면서도 환경친화적인 디자인이 눈길을 끈다. 매장 곳곳에 스웨덴에서 수입해온 스웨덴 빵과 쿠키 등의 식재료도 진열되어 있으며, 직접 구매할 수도 있다.

스웨덴의 명품 문구 브랜드인 〈북바인더스 디자인〉의 제품과 소품 등이 곳곳에 진열되어 있으며, 지하 1층에는 그 외에도 다양한 디자인 소품, 인테리어 소품 등을 판매하는 공간이 마련되어 있어 카페를 들른 김에 구경해 보는 것도 좋다. 2층에는 TASK 공간이 마련되어 있는데, 조용히 작업하거나 공부하는 손님들을 위해 따로 마련된 공간이다.

전화 02-511-7355
주소 서울특별시 강남구 신사동 546-21
영업시간 10:00~23:00 | 일요일 12:00~22:00 **휴무** 연중무휴
주차 가능 **오픈년도** 2010년
메뉴 셈라(4천원), 그라무치즈케이크, 민트크런치쇼콜라드(각 7천원)

민트크런치쇼콜라드

바삭한 타르트에 민트와 크림치즈가 혼합된 크림이 올라가며, 그 위에 달콤한 오레오가 얹어져 나온다. 입안 가득 상쾌해지는 민트와 크림치즈의 맛이 독특하며, 크림이 높이 올라가는 것이 특징이다. 크림 사이에 박혀 있는 크런치가 고소한 맛을 더하며, 달달한 오레오까지 더해져 맛이 좋다.

그라무치즈케이크

그라무치즈케이크(오른쪽 페이지)는 크런치와 호두, 쿠키가 주를 이루는 시트에 크림치즈 베이스의 크림이 올라가며, 토치로 가볍게 구운 머랭으로 겉면을 장식한다. 바삭한 쿠키 베이스와 촉촉한 치즈 케이크, 보송보송한 머랭의 세 가지 식감을 제대로 즐길 수 있다.

셈라

스웨덴의 전통 디저트인 셈라는 아몬드 페이스트와 크림으로 만들어진 밀빵에 생크림이 곁들여져 나온다. 밀빵에는 카다몬이라는 독특한 향신료가 들어가며, 오묘한 향이 입안을 감싼다. 따뜻하게 데운 우유를 셈라가 담긴 컵 가장자리에 부어 먹으며, 취향에 따라 우유를 붓지 않고 먹기도 한다. 플레인셈라와 링곤베리가 곁들여진 링곤베리셈라, 유자셈라 등 종류도 다양한 편이다.

알프스

하얗게 눈이 내린 알프스 산을 연상시키는 알프스는 고소한 아몬드 크림과 상큼한 체리를 넣어 구운 타르트 위에 다섯 가지 종류의 베리가 토핑 되어 있다. 타르트가 파운드처럼 묵직한 식감을 내며, 블루베리와 라즈베리 등의 베리가 상큼한 맛을 낸다. 타르트 위에 뿌려진 하얀 슈가파우더와 대비되는 붉은색의 베리 토핑의 색이 타르트를 더욱 돋보이게 한다. 타르트의 층이 높은 편이다.

하루노유키

일본식 바움쿠헨을 맛보자

〈하루노유키〉는 일본어로 '봄의 눈'이라는 뜻의 바움쿠헨 전문점이다. 바움쿠헨은 독일 전통 디저트 중의 하나로, 얇은 반죽을 봉에 둘둘 말아서 만들어낸 단면이 나무 나이테 모양을 닮아 일본에서는 행운 및 장수의 의미를 담아 소중한 사람에게 선물하는 것으로 유명하다.

일본인 사장인 가네하나 유키코 씨가 운영하며, 일본인 쓰키다 기요쿠니 파티시에가 직접 바움쿠헨을 만든다. 일본에서 수입한 전용 오븐을 사용하는데, 일반적인 모양의 바움쿠헨과 독특한 모양의 피레네 바움쿠헨을 동시에 만들고 있다. 국내에서는 유일하게 피레네바움쿠헨을 만들 수 있는 오븐이라고 한다.

〈하루노유키〉의 바움쿠헨은 기계 오븐이 자동으로 구워내는 것이 아니라 수동으로 직접 반죽을 말아서 굽는 수제 바움쿠헨으로, 무겁고 딱딱한 느낌의 독일 정통 바움쿠헨이라기보다는 부드럽고 촉촉한 일본식 바움쿠헨에 가까운 편이다. 또한, 오픈형 키친이어서 파티시에가 굽는 모습을 직접 확인할 수 있는 점도 매력적이다. 매일 아침에 구워내며, 추가로 주문예약이 있을 때는 저녁에도 굽는다고.

바움쿠헨의 종류는 약 열 가지로, 높이에 따라 4cm, 6cm, 12cm 등 크기도 다양하다. 동그란 모양의 일반 바움쿠헨뿐만 아니라 울퉁불퉁한 피레네, 초콜릿, 딸기 코팅이 된 데코바움 등도 맛볼 수 있다. 실내는 전체적으로

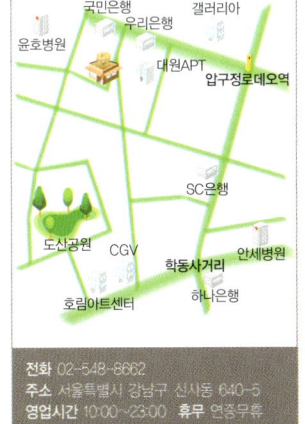

전화 02-548-8662
주소 서울특별시 강남구 신사동 640-5
영업시간 10:00~23:00 휴무 연중무휴
홈페이지 http://haru-yuki.com
주차 가능 오픈연도 2012년
메뉴 플레인4cm 1만3천원), 피레네, 카페띠 레네각 1조각 6천원, 4cm 1만4천원), 초코, 홍차, 호우재각 4cm 1만4천원), 맛차4cm 1만5천원), 데코바움(3천원)

화이트 톤과 핑크 톤으로 꾸며져 있어 깔끔한 느낌이 들며, 간단하게 바움쿠헨과 음료를 즐길 수 있는 3~4개의 테이블이 마련되어 있다. 호지차나 맛차 등 일본 차도 즐길 수 있다. 온라인 홈페이지에서도 바움쿠헨을 구매할 수 있다.

플레인바움쿠헨

바움쿠헨은 나무 나이테처럼 얇은 반죽이 층층이 겹쳐져 있는 것으로, 크리미하고 부드러운 식감을 자랑한다. 플레인바움쿠헨은 (오른쪽 페이지)은 미국산 밀가루, 프랑스산 버터 등을 사용하여 만드는데, 부드러우면서 계란 노른자의 맛이 녹진하게 난다. 플레인바움쿠헨을 기본으로 하여 초콜릿, 홍차, 맛차 등 다양한 종류의 바움쿠헨을 맛볼 수 있다. 호지바움쿠헨에 사용되는 호지차는 일본에서 들여와 사용한다. 맛차바움쿠헨도 일본의 녹차를 넣어 사용하며, 진한 녹차 맛을 자랑한다.

데코바움

데코바움은 겨울철에만 한정하여 판매하는 메뉴로, 플레인바움쿠헨에 초콜릿, 딸기 등으로 코팅되어 있다. 인기가 많으면 다른 계절에도 선보일 예정이라고 한다. 선물용으로 주고받기 좋은 패키지도 있으며, 원하는 크기와 종류의 바움쿠헨을 선택할 수 있다.

피레네바움쿠헨

피레네는 이탈리아의 피레네 산맥의 모양을 모티브로 삼아 만든 바움쿠헨으로, 울퉁불퉁한 모양이 독특하다. 위에 설탕 글레이즈드가 뿌려져 있어 달콤함을 더한다. 서울에서는 〈하루노유키〉에서만 선보이는 독특한 바움쿠헨이며, 일반적인 바움쿠헨을 만드는 방식과는 다르다고 한다. 일본에도 피레네 바움쿠헨이 있긴 하지만, 찾아보기 어려울 정도로 독특한 메뉴 중 하나다.

맛차피레네바움쿠헨

기본 피레네바움쿠헨에 맛차를 넣어 만든 맛차피레네바움쿠헨(오른쪽 페이지)이 가장 인기가 많다.

합

서울 떡 역사의 새로운 장을 연 곳

인사동에서 유명한 떡 전문점 〈합〉이 본점을 청담점으로 이전하였다. 〈합〉에서는 전통 디저트 명장인 신용일 셰프가 현대적으로 재현한 전통 떡을 맛볼 수 있다.

신용일 셰프는 패션 쪽에서 일하다가 파리로 유학을 가서 프렌치 디저트를 배운 후 떡을 만드는 독특한 이력의 소유자다. 프렌치 디저트의 영향으로 전통적인 떡에 프렌치 스타일을 접목시켰다. 예를 들면 떡을 찔 때 시루보다는 오븐을 사용한다는 점. 약과 같이 튀기는 디저트도 오븐을 사용하여 구워낸다. 이러한 점이 합의 떡을 기존의 떡과 차별화시켜주는 요인이다.

개성주악과 개성식 약과, 증편은 신용일 셰프가 특히 심혈을 기울여 재현하고자 하는 한국의 디저트다. 전통 떡 외에도 배숙이나 타락죽 등 전통 음료와 먹거리를 전승하는 한편, 호두얼음과자 같은 것은 프렌치 레시피를 응용하여 만든 새로운 한국 디저트다. 여름에는 유자빙수도 유명하다.

패키지도 베로 만든 보자기와 오동나무 상자 등 환경친화적이면서도 재사용이 가능한 재료를 사용한다. 베로 만든 보자기는 포장으로 끝나지 않고 행주 등으로 바로 사용 가능하다.

〈합〉에는 우리 떡의 과거와 현재, 미래가 공존하고 있다고 하는 신 셰프의 말에는 현재 자신이 하는 일에 대한 자부심이 느껴진다.

실내는 모던하지만 한국적이면서 빈티지한 가구와 소품들로 가득 채워져 있다.

전화 070-7532-4819
주소 서울특별시 강남구 청담동 93-3
영업시간 12:00~21:00 **휴무** 명절 휴무
주차 발레 피킹 **오픈년도** 2011년
메뉴 아메리카노(5천원), 카푸치노(7천원), 증편, 주악, 약과, 김자단채(각 2천원), 호두얼음과자(3천원)

호두얼음과자

호두얼음과자는 머랭의 제과기법을 떡에 적용해 만들어낸 합만의 독특한 메뉴다. 보통 머랭은 계란흰자에 설탕을 넣어 거품을 내는데 합에서는 설탕을 최소화하고 대신 소금을 넣어 짭조름한 맛이 난다. 그 안에 호두를 통으로 넣고 계피를 뿌린 후 오븐에서 두 시간 정도 구워낸다. 바삭하면서도 입안에서 사르르 녹는 식감이다.

감자단자

매장을 찾는 손님 중에는 선물용으로 떡을 구매하는 손님이 많다. 감자단자는 감자에 찹쌀을 넣고 소금으로 간을 해 삶아낸 떡이다. 인절미처럼 말랑말랑하면서 감자 향과 함께 살짝 짭짜름한 맛이 나는데, 이것만으로는 심심한 맛일 수 있기 때문에 겉에 카스텔라를 고물로 입혀 달짝지근한 맛을 냈다.

주악

주악은 미니도넛 비슷한 느낌이지만 보기와는 다르게 그리 달지 않다. 찹쌀을 막걸리로 반죽하여 튀긴 후 생강조청에 집청한 떡을 조청에 다시 한 번 집청하였다. 겉은 바삭하고 한 입 베어 물면 생강향이 은은하게 풍기면서 조청이 흘러나와 그 맛이 일품이다. 주악은 조선시대에 쓰인 〈임원경제지〉에 손님 대접과 제사 음식에 올리는 과자 중의 과자라 소개된 기록이 있다.

약과

밀가루를 반죽하여 오븐에 구워서 만든 한과. 요즘에는 흔히 약과를 튀겨서 만들지만, 아주 옛날(조선시대 이전)에는 약과를 구워서 만들었다고 한다. 네모 반듯하고 결이 켜켜이 살아 있는 개성식 약과 방식을 따르고 있으며, 너무 달지 않은 것이 특징이다. 유자약과, 생강약과 등 다양한 종류의 약과를 맛볼 수 있으며, 생강 특유의 향이 깃들어진 생강약과를 추천할 만하다.

증편

증편은 멥쌀을 막걸리로 반죽하여 발효시킨 떡으로, 속에 들어가는 재료에 따라 유자, 팥, 오디, 무화과, 홍차, 백증편 등이 있다. 계절에 따라 토마토, 밤, 올리브증편도 만든다. 요즘은 증편에 이스트를 넣어 만들기도 하는데, 합에서는 막걸리로 만드는 전통 레시피를 그대로 따른다. 증편은 찔 때는 재래식 방식으로는 온도 조절이 어려워서 정확한 온도를 조절할 수 있는 스팀 오븐을 사용한다.

배숙

배숙(위 왼쪽)은 배(영덕배)와 생강을 넣고 4~5시간 끓여 만든다. 여름에는 시원하게, 겨울에는 따뜻하게 낸다. 기관지에 좋은 음료라고 한다.

타락죽

타락죽(위 오른쪽)은 옛날에 임금님께서 드시던 죽으로, 당시에는 귀한 우유로 만든 것이었다. 우유와 찹쌀을 함께 넣어 만들어 부드럽고 순한 맛이 나는데, 일반 쌀이 아닌 찹쌀을 넣기 때문에 단맛도 난다. 이유식이나 가볍게 식사하는 대용으로 자주 찾는다.

인절미

인절미(오른쪽 페이지)는 콩, 카스텔라, 흑임자 세 가지 맛이 있다. 금방 굳어버리는 인절미의 단점을 없애고자 제조 과정에서 공기를 많이 넣어서 제조한다. 냉장 보관하지 않고 실온에서 보관해도 3~4일 정도 유지된다. 기존의 인절미보다 더 가벼우면서 말랑말랑한 식감이다. 크기도 더 작아서 한입에 쏙 들어간다.

부록 : 디저트가 맛있는 레스토랑

서울에는 디저트를 전문으로 하지 않더라도 뛰어난 디저트를 내는 레스토랑이 많이 있다. 이런 곳은 대부분 패스트리 셰프가 따로 있어 즉석에서 만들어내는 고급스러운 디저트를 맛볼 수 있다. 물론 요리를 하는 셰프가 직접 제대로 된 디저트까지 내는 파워를 보여주는 곳도 있다. 다만, 레스토랑은 디저트가 코스에 포함되어 있거나, 식사를 해야만 디저트를 주문할 수 있는 곳이 대부분이어서 디저트만 먹으러 갈 수 없다는 점이 아쉽다.

TWG

디저트와 함께 즐기는 TWG 티

〈TWG〉는 싱가포르의 명품 차 브랜드인 〈TWG tea〉의 한국 1호점이다. 〈TWG tea〉는 매년 전 세계 최고 다원을 직접 찾아가 최상급의 차만 구매해 파는 것을 원칙으로 하는 세계적인 브랜드다. 싱가포르 본점을 포함해, 중국, 홍콩, 일본, 미국, 캐나다, 영국, 스페인 등 여러 국가에 매장을 두고 있으며, 한국은 29번째 매장으로, 여러 국가에 진출해 있는 〈TWG tea〉 매장 중에서도 가장 큰 규모의 단독 건물이다.

청담동에 〈TWG〉가 오픈한다는 소문은 일찌감치 화제가 되었다. 금색으로 번쩍이는 건물 자체가 워낙 눈에 띄는 외관을 하고 있기 때문에 공사 중에도 청담동을 지나다니는 사람의 호기심을 불러일으킨 것 같다. 그 결과, 가오픈 하는 날부터 손님들이 어떻게 알고 찾아왔는지 만석을 이룰 정도였다고 한다. 지금도 좌석의 60%만 예약을 받고 나머지는 워크인으로 채우고 있을 정도로 인기가 높다.

1층은 다양한 종류의 티와 티팟을 구매할 수 있는 부티크로, 다양한 차를 직접 시향할 수 있다. 2층은 여러 종류의 차와 브런치, 애프터눈티, 디저트, 프렌치 코스를 즐길 수 있는 티 살롱으로, 2층 내에 상주하는 티마스터가 티와 관련된 상세한 정보를 설명해준다.

특별히 제작된 본차이나 티 세트와 고급스러운 리넨, 그리고 우드 테이블과 틴Tin 장식의 벽면이 럭셔리하다.

전화 02-547-1837
주소 서울특별시 강남구 청담동 82-1
영업시간 10:30~22:00 (브런치 10:30~12:00 / 올데이다이닝 12:00~22:00 / 티타임 15:00~18:00 / 코스타임 12:00~15:00 | 18:00~22:00 **휴무** 연중무휴
홈페이지 www.twgkorea.co.kr
주차 발레파킹 **오픈년도** 2014년
메뉴 초콜릿떠지(1만4천원), TWG TEA 마카롱(1개) 3천8백원), 애프터눈티세트(3만5천원), TEA(1만2천원~)

〈TWG tea〉 본사에서는 8백여 가지가 넘는 다양한 차를 선보이는데, 서울 매장에서는 5백 종류 정도의 〈TWG〉 티를 맛볼 수 있다.

프렌치 코스는 스타 셰프 양지훈 씨가 직접 준비하며, 마카롱을 비롯한 다양한 종류의 디저트는 이유정 패스트리 수석 셰프가 총괄하여 담당한다. 호주 르 꼬르동 블루를 졸업한 이유정 셰프는 〈TWG〉 싱가포르 본사에서 3주간의 연수 과정을 통해 본사에서 선보이는 다양한 디저트의 레시피를 전수받았다. 서울에서는 본사의 레시피에 우리 입맛에 맞는 약간의 변형을 가미하여 디저트를 낸다. 모든 디저트에 〈TWG〉의 티가 들어가는 것도 큰 특징 중의 하나다.

브레이크타임 없이 운영되기 때문에 식사하지 않아도 언제든지 디저트와 티를 즐길 수 있다.

타르트

타르트(오른쪽 페이지)는 가장 인기가 많은 디저트로, 레몬타르트, 블루베리타르트, 청포도타르트 등 종류도 다양하다. 레몬타르트에는 레몬부시티가 가미되며, 다른 타르트에는 바닐라버번티가 인퓨전된다.

초콜릿퍼지

초콜릿퍼지(위 왼쪽)에는 바닐라버번티가 들어가며, 초콜릿 무스가 안에 들어 있다.

마카롱

〈TWG〉의 마카롱(위 오른쪽)은 버터크림을 베이스로 한 일반적인 마카롱과는 달리, 가나슈초콜릿을 베이스로 만드는 것이 특징이다.

레몬애플무스

레몬애플무스(오른쪽 페이지)에는 상큼한 과일 향이 나는 〈TWG〉의 티 종류의 하나인 섹시티가 들어간 레몬 무스에 사과가 조화를 이룬 디저트다. 섹시티의 블렌드된 과일 향이 입안 가득 퍼지며, 사과와 레몬의 조화가 훌륭하다. 마시멜로우의 일종인 프랑스의 대중적 캔디인 하리보캔디가 가장자리에 데코레이션 되어 있다.

뚜또 베네

정통 이탈리안 디저트를 찾아서

프렌치 레스토랑으로 이름을 높인 〈팔레 드 고몽〉에서 운영하는 이탈리안 레스토랑. 〈뚜또 베네 tutto bene〉라는 이름은 장 뤼크 고다르 감독의 영화 〈Tout Va Bien 뚜 바 비앙〉에서 따온 이탈리아 어로, 만사 쾌조라는 긍정적인 뜻을 담고 있다.

실내는 길고 좁은 공간이지만 앤티크한 가구와 집기 등 특유의 분위기를 지니고 있어 청담동의 트렌드세터들이 꾸준히 찾는다. 맛도 물론 훌륭하여 현재 서울에서 최고 중의 하나로 손꼽을 만한 이탈리안 레스토랑이다.

오픈 할 당시에는 좌석이 몇 개 없는 관계로, 전화 예약을 받지 않는 정책을 사용하였는데 직접 와서 예약하는 것은 가능했다. 그래서 서울의 미식가들은 낮에 와서 미리 예약해 놓았다가 저녁때 다시 찾아오는 수고를 마다하지 않았다. 그만큼 이 공간은 특별해 보였다.

주방을 맡은 이재훈 셰프는 이탈리아의 요리학교 ICIF에서 유학을 마친 후 서울로 돌아와 여러 레스토랑에서 경험을 쌓고 나서 2007년 〈뚜또 베네〉가 오픈할 때부터 지금까지 자리를 지키면서 수준급의 이탈리아 요리를 내고 있다. 이재훈 셰프의 요리는 북부 이탈리아 스타일로, 가볍지 않고 농후한 맛이 특징이다.

본토의 맛을 현지화하는 것을 극도로 배제하면서도 한국적인 식재료를 가미해서 새롭게 창조해내는 이 셰프의 능력이 탁월하다. 포르치니버섯이 들어간 리조토, 트뤼프 향의 라비올리, 진득한 치즈 맛의 라자냐, 양다리 요리 등 진한 풍미의 요리를 맛볼 수 있다.

전화 02-546-1489
주소 서울특별시 강남구 청담동 118-9
영업시간 12:00~15:00/18:00~23:00 ; 일요일, 공휴일 18:00~24:00 **휴무** 연중무휴
주차 발레 파킹 **오픈년도** 2007년
메뉴 티라미수(1만2천5백원), 밀푀유, 바닐라 세미프레도/각 1만4천5백원)

뚜또 베네

전설적인 와인 리스트를 보유한 〈팔레 드 고몽〉에서 운영하는 만큼, 〈뚜또 베네〉의 와인 리스트도 탐낼 만한 셀렉션을 자랑한다.

〈뚜또 베네〉의 모든 디저트 또한 이재훈 셰프가 직접 만들고 있다. 이탈리안 레스토랑이라고 해도 프렌치나 정체불명의 디저트를 내는 곳이 많은 서울에서 정통 이탈리아 디저트를 맛볼 수 있는 몇 안 되는 곳 중의 하나다.

이곳 역시 레스토랑이기 때문에 디저트만 맛볼 수는 없고 식사를 해야 디저트 주문이 가능하다.

티라미수

대표 디저트인 티라미수(오른쪽 페이지)는 에스프레소를 적신 폭신한 시트 사이에 마스카르포네 치즈가 더해져 진한 맛을 낸다. 제누아즈(스펀지 케이크)를 쓰는 일반적인 티라미수와는 달리, 이탈리아식 핑거 쿠키의 일종인 사보이아르디 시트를 에스프레소에 적신 후 그 위에 약간의 슈거와 마스카르포네 치즈를 듬뿍 샌드한다. 진한 에스프레소의 맛이 배어나면서 마스카르포네 치즈와 환상의 조화를 이룬다. 젤라틴을 사용하는 일반적인 티라미수보다 훨씬 리치한 맛을 자랑하는 정통 이탈리아식 티라미수다.

세미프레도

일명 돼지바라고 불리는 바닐라 세미프레도는 아몬드 누가를 입힌 크런치에 휘핑한 생크림을 무스로 만들어 그대로 얼린 것이 곁들여져 나온다. 크런치 안에는 딸기잼이 들어 있다. 뜨겁게 녹인 초콜릿 소스를 곁들여 먹는데, 시중에 파는 돼지바 아이스크림을 연상케 하는 맛이다.

밀푀유

〈뚜또 베네〉의 밀푀유(오른쪽 페이지)도 맛있기로 유명하다. 원래 프렌치 디저트인 밀푀유를 이탈리아풍으로 변형시킨 것으로, 커스터드 대신 마스카르포네 치즈를 사용하는 것이 특징. 종이보다도 얇은 파이 사이사이에 진한 마스카르포네 치즈 무스가 샌드되며, 딸기나 오디 등의 계절 과일과 계절 과일로 만든 상큼한 시럽이 곁들여진다.

라 셀틱

식사도 되고 디저트도 되는 크레프

〈라 셀틱 La Celtique〉은 프랑스인 셰프가 구워내는 정통 프랑스식 크레프를 맛볼 수 있는 곳이다. 자신의 고향인 브르타뉴에 대한 자부심이 대단한 셰프는 해안가 지역인 브르타뉴의 특색을 살려 등대와 하늘색을 테마로 잡아 인테리어를 했다. 매장 곳곳에는 브르타뉴를 대표하는 다양한 모양의 등대가 장식되어 있고 브르타뉴를 상징하는 깃발이 음식마다 꽂혀 나온다. 자잘한 소품을 현지에서 가져와 꾸민 덕에 브르타뉴의 소박한 밥집에서 식사하는 기분이 든다.

매장 가운데는 브르타뉴에 관련된 잡지가 가득 놓여 있다. 고향에 대한 애정이 남다른 셰프는 손님에게 잡지를 하나하나 넘겨가면서 브르타뉴를 소개하기도 한다.

〈라 셀틱〉은 브르타뉴의 정통 방식으로 만드는 얇고 쫀득한 크레프가 특징이다. 브르타뉴는 프랑스 북서부 지방에 있는 곳으로, 크레프의 고장이라고 할 수 있으며 메밀과 사과가 유명하다.

크레프는 식사용과 디저트용이 나누어져 있는데, 식사용은 메밀이 들어간 메밀을, 디저트용은 밀가루를 이용한 크레프를 사용한다. 식사용 크레프에는 계란이나 햄 등 짭조름한 재료를 넣어 강한 맛을 낸 것이 특징이며 디저트용은 조금 더 달콤한 토핑을 넣는다.

본래 크레프는 메밀 크레프로 시작되었는데, 브르타뉴의 크레프를 맛본 귀족이 크레프를 다른 지역에 전파하면서 밀가루로 만든 크레프도 만들어졌다. 브르타뉴의

전화 02-312-7774
주소 서울특별시 서대문구 창천동 5-10
영업시간 11:00~22:30
휴무 매주 월요일 휴무
주차 불가 오픈년도 2009년
메뉴 라셀틱(7천원), 라크레올(6천5백원), 콩프레트(1만9백원), 베지테리언크레프(1만2천9백원), 시드르(1만5천원)

크레프는 메밀로 만들어 식사 대용으로 먹었고 귀족들이 만들어낸 밀가루 크레프는 메밀보다 비싼 밀가루를 이용하여 디저트용으로 즐겼다고 한다.

프랑스 내에서도 지역마다 크레프의 맛이 다른데, 파리는 브르타뉴와 다르게 잼이나 생크림 등의 토핑을 많이 올리는 것이 특징이며 크레프 반죽이 두꺼운 편이다. 그에 반해 정통 브르타뉴 스타일의 크레프는 위에 올라가는 토핑보다 반죽 자체의 맛을 더 중요하게 생각한다. 크레프 반죽은 얇고 쫀득한 맛이 특징.

브르타뉴에서는 집집마다 크레프를 자주 먹으며 크레프 공장이나 가게, 크레프 조리학원 등 크레프 시장이 활성화되어 있다.

지나가다 발견해서 들어오는 손님보다는 알고서 찾아오는 손님이 많으며 프랑스 사람들도 많

이 찾아온다. 단순하게 크레프를 맛보는 것을 넘어 브르타뉴의 문화를 공유하고 느낄 수 있는 곳이다. 셰프가 직접 만드는 캐러멜 크림은 따로 판매하기도 한다.

라셀틱

디저트 메뉴인 라셀틱은 시나몬향이 나는 구운 사과와 생크림, 셰프가 직접 만든 캐러멜 시럽, 아이스크림 등으로 만들며 시나몬향과 바닐라아이스크림이 쫄깃한 크레프 반죽과 잘 어우러진다. 구운 사과가 올라가 달콤하면서 상큼한 맛을 더한다.

콤플레트

〈라 셀틱〉의 대표 메뉴는 식사 메뉴인 콤플레트로, 대중적인 크레프다. 고소한 메밀 크레프에 유러피언 햄, 계란, 스위스 그뤼메르 치즈가 들어간다. 가운데 노른자를 터트리고 나서, 크레프를 접어 나이프로 썰어 먹는 것이 제대로 된 방법이다.

잼

잼(오른쪽 페이지)은 크레프 위에 서양배와 바닐라 아이스크림을 올리고 벨기에 다크 초콜릿 소스를 그 위에 부어서 먹는 크레프로, 진한 초콜릿의 맛을 즐길 수 있다. 서양배가 우리나라의 배와 많이 달라 낯설지만 사각사각한 식감이 쫀득한 크레프의 식감과 묘한 조화를 이룬다.

크레프에 곁들여 먹는 시드로는 브르타뉴산 사과를 이용해서 만든다. 프랑스 노르망디와 브르타뉴 지역은 사과로 유명한데 시드로에 들어가는 사과는 우리나라에서 흔히 보는 먹기 좋고 맛있는 사과가 아닌, 씁쓸하고 단단한 사과를 이용하여 만든다. 사과로 만든 주스에서 발효시켜 사과주를 만들며 sweet, dry 두 가지 종류가 있다. 〈라 셀틱〉에서 판매하는 브르타뉴산 시드로는 알코올 함량이 sweet 2도, dry는 4~5도로 약한 편이다. 프랑스에서는 가족들이 아이부터 어른까지 시드로를 크레프에 곁들여 먹는다.

메종 드 라 카테고리

청담동에서 가장 핫한 레스토랑

〈메종 드 라 카테고리 Maison de La Category〉는 현재 청담동에서 가장 핫한 레스토랑 중의 하나로, 프렌치 브라스리를 표방한다. 식사와 와인, 안주, 디저트와 커피를 모두 커버하는 비스트로에 카페를 더한 개념이다. 브레이크타임 없이 운영되기 때문에 식사 시간 이외에도 커피와 디저트만 즐길 수 있는 카페로 이용 가능하다. 실험적인 프렌치 요리를 선보인 〈라 카테고리〉를 지휘했던 이형준 셰프의 멋진 음식과 수준 높은 인테리어의 환상적인 조화가 돋보인다.

브라스리인 만큼 코스는 없고 단품으로만 주문 가능한데, 송아지고기스튜, 대구부야베스, 돼지족요리, 소시지, 처녑스튜, 문어요리 같이 파인 다이닝에서는 다루지 않는 독특한 메뉴가 많다. 그냥 브라스리라고 하기에는 음식과 인테리어 모두 고급스럽고 세련되어, 네오 브라스리라고 명명할 수도 있겠다.

〈메종 드 라 카테고리〉의 인테리어는 세계적으로 유명한 인테리어 디자이너 아담 티하니가 맡아 고급스럽고 감각적이다. 기물 하나하나에도 로고가 들어가는 등 세심하게 신경 쓴 티가 난다.

2시부터 5시까지는 커피나 디저트를 주로 즐기는 티타임이 따로 있으며 다른 레스토랑에 비해 디저트 비중이 많은 편이므로 디저트만 먹으러 오는 손님이 많다. 디저트 파트를 위한 단독 주방이 2층에 있을 정도. 이국진 패스트리 셰프가 디저트를 맡고 있다.

전화 02-545-6640
주소 서울특별시 강남구 청담동 85
영업시간 11:30~14:00/17:30~23:00(마지막 주문 21:30) **휴무** 연중무휴
주차 가능 오픈연도 2013년
메뉴 에끌레르, 크림뷔렐레, 마카롱(각 1만1천원), 타로트, 아이스박스, 레몬머랭타르트(각 1만3천원), 초콜릿(1만원), 헤이즐넛 머랭(2만원), 크레프수플라쉬수제트(2만2천원), 휴로스(1만8천원), 아이스크림(5천원)

아이스박스

대표메뉴인 아이스박스(오른쪽 페이지)는 초콜릿 쿠키(일명 오레오)와 크림을 층층이 얹은 케이크로, 초콜릿 쿠키와 살짝 얼린 크림의 조화가 환상적이다. 쿠키로 만들어졌기 때문에 단맛을 좋아하는 손님들에게 인기가 많다. 입에 넣으면 차가운 생크림이 녹으면서 폭신한 느낌이 든다. 쿠키는 생크림을 흡수하여 달달하면서도 부드럽다. 크림부터 안에 들어간 초콜릿 쿠키까지 직접 만든 100% 수제 디저트이다.

아이스박스는 당일 만들 수 없어 하루 전부터 냉장고에서 숙성하기 때문에 아이스박스라는 이름이 붙여졌다고 한다. 본래 미국에서 많이 먹는 메뉴로, 부드러운 텍스처를 좋아하는 한국 사람들의 입맛에 맞추어 부드러운 생크림으로 변형해 만들었으며 쿠키의 두 배가량의 크림이 들어가 더욱 부드러운 식감을 느낄 수 있다.

에클레르

클래식한 정통 프랑스식 에클레르를 재현했으며, 안에는 커스타드 초콜릿 크림이 들어 있고 위에는 퐁당 초콜릿으로 데코레이션을 했다.

세레브 데 토마토

디저트로 토마토를 찬양하다

〈세레브 데 토마토Cereb de TOMATO〉는 신선한 토마토를 콘셉트로 하는 캐주얼 다이닝 레스토랑으로, 일본에 본점을 두고 있다. 파스타나 샐러드 등의 이탈리아 요리를 베이스로 하고 있는데, 모든 메뉴에 토마토가 들어가는 것이 특징이다.

특히 토마토로 만든 디저트는 손님들에게 인기가 많은데, 토마토티라미수, 판나코타, 토마토크렘브륄레 등이 대표 메뉴다. 최근에는 인기에 힘입어 17종의 디저트를 포함한 디저트 뷔페도 개시했다. 디저트 뷔페는 베스트 셀러 디저트를 포함한 17종의 디저트를 무제한으로 즐길 수 있다. 평일 오전 11시부터 오후 6시, 주말 및 공휴일에는 오후 2시부터 6시까지 이용할 수 있으며 매장 내 식사 고객의 경우, 1인당 1만 원 추가 시 이용 가능하다.

일본에서 수입해온 토마토주스는 카나데, 호우쥬, 이에로 아이코, 아이코 등 당도마다 다른 종류로 나뉘어 있다. 주스를 제외한 모든 토마토는 국내산을 이용하며, 평소 잘 알려지지 않은 도테랑토마토, 칼라방울토마토, 염토마토, 푸르츠토마토 등을 사용하여 다양한 맛과 색을 낸다.

매장 벽면에는 따로 판매하는 토마토 관련 제품들이 진열되어 있으며 군데군데 토마토 사진과 그림들이 걸려 있어 토마토를 테마로 한 가게의 분위기를 잘 보여준다.

전화 02-3446-6871
주소 서울특별시 강남구 신사동 517-29
영업시간 11:00~23:00 **휴무** 연중무휴
홈페이지
http://www.celeb-de-tomato.co.kr
주차 발레 파킹 **오픈년도** 2013년
메뉴 토마토 티라미수(6천원), 토마토 풀 케이크(4천5백원), 토마토 판나 코타(6천원), 토마토 치즈 파운드 케이크, 드라이드 토마토 파운드 케이크(각 3천5백원), 토마토 푸딩(5천원), 토마토 크림 브륄레(5천원), 토마토 캐러멜(5천원), 토마토 쥬레(5천5백원), 토마토 셔벗(6천원), 토마토 브륄레(8천5백원), 디저트뷔페(1만5천원)

▍토마토크렘브륄레

〈세레브 데 토마토〉의 대표 메뉴로, 오븐에 구워낸 바삭한 토마토에 바닐라 아이스크림이 수북하게 올라간다. 바닐라 아이스크림 위에 얇게 슬라이스된 토마토가 멋스럽다. 토마토와 바닐라 아이스크림을 함께 먹으면 맛이 잘 조화를 이룬다.

▍토마토티라미수

토마토티라미수(오른쪽 페이지)는 홈메이드 토마토 잼과 마스카르포네 치즈로 만들어진 〈세레브 데 토마토〉의 대표메뉴다. 커피를 이용하는 일반적인 티라미수와 다르게 토마토 잼을 사용하는데, 달콤한 토마토 잼과 진한 크림치즈가 부드러우면서 새콤한 맛을 낸다. 크림치즈 사이에 들어간 토마토 잼이 치즈의 느끼함을 잡아주기 때문에 토마토 향이 강하지 않아 부담스럽지 않다.

애프터눈티세트

애프터눈티세트(오른쪽 페이지)는 〈세레브 데 토마토〉 가로수길점에서만 맛볼 수 있는 메뉴로, 토마토로 만든 다양한 디저트를 티와 함께 즐길 수 있다. 대표 메뉴인 토마토티라미수, 토마토롤케이크, 토마토크렘브륄레, 토마토푸딩 등 총 여섯 종류의 토마토 디저트가 2단 트레이에 나오며, 커피와 홍차 중 음료를 선택할 수 있다. 주중, 주말 상관없이 오후 1시에서 5시 30분까지 주문할 수 있다.

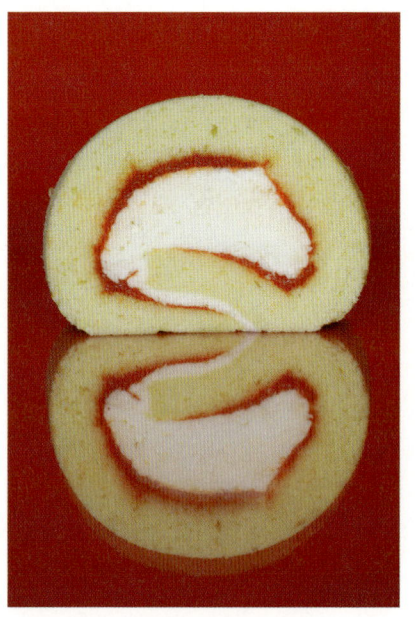

토마토롤케이크

생크림과 토마토 잼이 들어간 토마토 롤케이크도 인기메뉴다. 부드럽고 풍부한 생크림과 토마토 잼이 빵과 어우러진 맛이 일품이다.

톡톡

셰프의 크리에이티브가 넘치는 곳

〈톡톡Toc Toc〉은 실험적인 창작요리를 하는 김대천 셰프의 레스토랑이다. 톡톡은 문을 두들길 때 나는 소리 톡톡의 프랑스 어 표기로, 고객을 새로운 미각의 세계로 안내하겠다는 포부를 담았다.

김대천 셰프의 요리는 일본의 영향을 받은 프렌치로, 〈톡톡〉에서는 파인 다이닝을 캐주얼하게 즐길 수 있어 오픈하자마자 큰 인기를 끌었다. 직접 드라이에이징한 한우 스테이크를 비롯하여 존도리(달고기), 푸아그라 케이크 등 눈과 입이 호사하는 요리를 맛볼 수 있다. 푸아그라테린, 직접 만든 소시지도 추천 메뉴.

주로 이탈리안 레스토랑에서 경력을 쌓은 김대천 셰프지만, 한때 이촌동의 J라는 디저트 전문점에서 일할 당시 디저트 분야에서도 그 진가를 발휘한 적이 있다. 서울에 디저트 전문점이 거의 없었던 그 당시에 파인 다이닝 레스토랑에서나 맛볼 수 있는 화려한 비주얼의 디저트를 다양하게 선보인 것이다. 주문과 동시에 만들어져서 나오는 디저트들은 재료와 형태, 맛 모두 독창적이면서도 새로운 것이었다. 그때의 맛을 잊지 못해 김대천 셰프의 디저트를 찾는 사람이 아직도 있을 정도다.

인기 디저트 메뉴는 일본풍의 밀푀유로, 봄과 겨울에는 딸기, 여름에는 체리, 가을에는 무화과 등 계절마다 다른 제철 과일을 사용한다고 한다. 디저트 메뉴는 주기적으로 변화를 주면서 다양한 맛을 추구하고 있다. 다만, 레스토랑인 만큼 식사를 마쳐야 디저트를 주문할 수 있다.

전화 02-542-3030
주소 서울특별시 강남구 신사동 656-6
영업시간 12:00~15:00/17:30~24:00
휴무 명절 휴무
주차 발레 파킹 **오픈년도** 2013년
메뉴 밀푀유(1만2천원), 프로즌앤핫타르트(1만2천원), 수제아이스크림(4천원), 아포카토(9천원)

밀푀유

〈톡톡〉에서 가장 인기 있는 메뉴인 밀푀유는 퍼프 패스트리를 얇게 구워서 겹겹이 쌓아 올린 디저트다. 다른 곳과는 다르게 퍼프 패스트리를 단단하게 밀착시켜서 굽는 것이 특징. 다른 밀푀유보다 조금 딱딱하게 느껴질 수 있지만 다 먹을 때까지 바삭한 식감이 죽지 않는 것이 장점이다. 패스트리 사이사이에 들어가는 생크림은 프랑스산 유기농 생크림을 사용하며 싱싱한 제철과일을 함께 올린다. 밀푀유 곳곳에 올려진 은단 모양의 일본 사탕은 상큼하고 달콤한 맛을 더해준다.

프로즌앤핫타르트

〈톡톡〉의 또 다른 대표 디저트 메뉴는 프로즌앤핫타르트로, 뜨거운 타르트 위에 아이스크림이 올라간 메뉴다. 아몬드 가루나 크림 등 아몬드 베이스를 이용한 고소한 타르트 위에 수제 아이스크림을 올리고 그 위에 아몬드 파우더 등 견과류를 넣어 구운 바삭바삭한 튀일을 올려 전체적으로 견과류 맛이 강하게 느껴진다. 뜨거운 식감과 차가운 식감이 잘 어우러진다 하여 프로즌앤핫타르트라는 이름을 붙였다.

피에르 가니에르 서울

서울에서 가장 세련된 디저트 코스

〈피에르 가니에르 서울Pierre Gagnaire Seoul〉은 세계적인 명장 피에르 가니에르의 프렌치 레스토랑으로, 현재 서울에서 럭셔리함의 정점을 찍는 곳이다. 어마어마한 주변 인테리어에도 기죽지 않는 화려하고 정교한 플레이팅의 요리는 피에르 가니에르기 때문에 가능하다.

처음 서울에 오픈할 때는 명성에 걸맞게 웬만한 사람이라면 은행을 털어야 할 정도로 가격이 높았지만, 최근에는 가격대가 다양해져서 비교적 부담없이 즐길 수 있는 코스도 준비된다.

지인들과 이곳에서 가장 긴 코스로 식사한 적이 있는데, 메인 코스를 마치고 나서 예쁜 그릇에 초콜릿이 담겨 나오고, 과자가 나오고…. 끊임없이 이어지는 디저트 코스에 황홀해하는 순간, 함께 식사하던 지인이 갑자기 화를 낸 적이 있다. 자신은 단 것을 싫어하는데 디저트가 너무 많이 나온다고.

하지만, 프렌치 코스를 진지하게 즐기려면 식사하는 배와 디저트를 먹는 배를 따로 준비해 가야 하는 것이 아닐까? 나로서는 감당 못할 어마어마한 사이즈의 디저트를 해치우는 파리인들을 보고 경악한 적이 있기는 하지만 말이다. 아무튼, 위와 같은 우리나라 사람의 특성이 반영된 것인지, 요즘의 〈피에르 가니에르〉의 디저트 코스는 처음보다 약간 생략된 느낌도 든다.

별도의 룸이 많이 준비되어 있어, 미리 예약하면 프라이빗한 식사를 즐길 수 있다. 서울 시내가 훤히 내다보이는 전망도 훌륭하다.

전화 02-317-7181
주소 서울특별시 중구 소공동 1 롯데호텔서울 신관 35층
영업시간 12:00~15:00/18:00~22:00
휴무 연중무휴
홈페이지 http://www.pierregagnaire.co.kr
주차 발레 파킹 오픈년도 2008년
메뉴 점심코스(8만5천원, 12만1천원, 14만원), 베지테리안메뉴(17만원), 저녁코스(18만원, 26만5천원, 34만원)

수플레

프랑스의 대표적 디저트인 수플레는 오븐에서 갓 나온, 풍성하게 부푼 모양을 자랑한다. 2분 내외의 짧은 시간 동안만 부푼 모양이 유지되는 것이 아쉬울 정도. 수플레의 부푼 모양이 꺼지기 전에 서두르자. 수플레에 구멍을 뚫고 그 안에 트뤼프 소스를 부어 먹거나 프로망주블랑 치즈 아이스크림을 올려 먹으면 그 맛이 배가 된다. 수플레와 함께 마카롱과 체스넛트러플폼마티니가 곁들여 나온다. 마카롱은 캐러멜 맛이 나는 둘세 초콜릿에 트뤼프 크림이 샌드되어 있으며, 함께 나오는 캐러멜 소스에 찍어 먹는다. 체스넛트러플폼마티니는 마티니 잔에 부드러운 아몬드 스펀지가 들어가는 디저트로, 커피 크림과 커피 소스, 초콜릿 파르페 등이 샌드되며 위에 거품을 낸 밤 크림이 올라간다.

프로피테롤

프로피테롤은 일종의 슈로, 슈 안에 바닐라 아이스크림과 생크림 안에 바닐라 빈이 박힌 샹티크림이 들어간다. 함께 나오는 초콜릿 소스를 슈 위에 부어 먹는다.

〈피에르 가니에르〉는 코스 요리만을 선보인다. 간단한 애피타이저인 아뮤즈 부쉬, 메인 메뉴를 순서대로 선보이며, 그 이후에는 디저트와 커피, 작은 크기의 디저트인 프티 푸르 순으로 나온다. 디저트는 코스마다 다르게 구성되며, 가장 반응이 좋은 수플레를 제외한 나머지 디저트는 계절별로 주기적으로 변화를 주는 편이다.

지은이 소개

김은조

여행과 미식을 좋아하는 편집자. 서울에서 출생하여 서울에서 성장하였다.
서울대학교 심리학과를 졸업하고
홍익대학교 산업미술대학원에서 광고디자인으로 석사 학위를 받았다.
1999년부터 2004년까지 여행잡지 〈트래블+레저〉 한국판 편집장을 역임하였으며
2005년부터 현재까지 레스토랑 가이드 〈블루리본 서베이〉 편집장을 맡고 있다.

〈저서〉
서울에서 할 수 있는 867가지(BR미디어, 2013)

〈번역서〉
디지털 이미지론(*The Reconfigureds Eye*)(1997)
세기의 쉐프, 세기의 레스토랑(*Don't Try This at Home*)(2008)
내가 요리에 처음 눈뜬 순간(*How I Learn to Cook*)(2009)
파인 다이닝의 모든 것(공역)(*The Mere Mortal's Guide to Fine Dining*)(2009)

BR미디어 발행 | 365쪽 | 전면 칼라 | 가격 16,000원

서울에서 할 수 있는 **867**가지
어디를 펼치든 그곳에서 서울 여행이 시작된다

블루리본愛食家바이블

국제적인 대도시라면 어디나 그 도시를 대표하는 세계적인 레스토랑 가이드 북이 있습니다.

〈블루리본 서베이〉는 이러한 가이드 북과 어깨를 나란히 하는 우리나라 최초의,

그리고 최고의 레스토랑 평가서입니다.

〈블루리본 서베이〉에 이어 기획한 〈블루리본 愛食家 바이블〉 시리즈는

딱딱한 평가에서 벗어나 자유롭게 미식의 세계를 조명하려는 것입니다.

〈블루리본 愛食家 바이블〉에서는 보다 심층적으로 한 가지 주제에 집중하여

우리나라 미식의 지평을 넓히고자 합니다.

〈블루리본 愛食家 바이블〉는 음식을 사랑하는 모든 愛食家에게 바치는 시리즈입니다.

〈디저트 인 서울〉을 시작으로 계속 이어질 〈블루리본 愛食家 바이블〉 시리즈에

많은 성원 부탁 드립니다.

BR미디어 발행 | 439쪽 | 전면 칼라 | 가격 18,000원

우리나라를 대표하는 레스토랑 평가서, 미식가들의 필독서

블루리본 서베이와 함께라면 전국의 맛이 내 손안에!

블루리본愛食家바이블

디저트 인 서울

2014년 3월 7일 초판 1쇄 인쇄
2014년 3월 14일 초판 1쇄 발행

발행인 여민종 | **지은이** 김은조 | **발행처** BR미디어

등록번호 제2011-000074호 | **등록일** 2011년 3월 8일

BR미디어 주식회사 135-914 서울 강남구 역삼동 668-1 청파빌딩 2층
문의전화 02 512 2146 | **팩스** 02 565 9652 | **e-mail** webmaster@blueR.co.kr
website http://www.blueR.co.kr

정가 11,800원

ISBN　　978-89-93508-22-2　04590
　　　　　978-89-93508-20-8　04590 (세트)

ⓒ 비알미디어 2014

* 이 책 저작권자의 서면 동의 없이는 이 책의 내용을 전체적으로나 부분적으로나 또한
　어떤 수단・방법으로나 아무도 복제・전재하거나 전자 장치에 저장할 수 없습니다.
* 잘못된 책은 바꾸어 드립니다.